JN183408

日本人は論理的に考えることが本当に苦手なのか

山祐嗣
Yama Hiroshi

新曜社

はじめに

TVやインターネット、あるいは新聞などにおける意見・コメントで、「日本人は○○だから～なのですよ」という「説明」を頻繁に見聞きする。そのときの私の感想は、まず「日本人が他国の人々と比較して本当に～なのだろうか」とか、「そもそも日本人って本当に○○なのだろうか」である。そして、「○○だから～」という因果的説明が科学的に妥当といえるのだろうかという疑問で、頭の中がいっぱいになる。もちろん、このようなコメントは学術論文とは異なるので、科学的厳密さを求めなくても良いのかもしれない。しかし、明らかに間違っていたり、あるいは日本人についての歪められたステレオタイプが視聴者や読者に刷り込まれようとしていたりすると、やはり放置すべきではないと思えてしまう。

人間の思考が論理的なのかどうかを研究し続けてきた私が、比較文化に興味を抱きはじめたのは14年前である。そのときに私が漠然と抱いていたイメージは、「日本人の思考は非論理的」というものであった。当時は、日本人は、ディベートが下手で、情緒的で、また使用している言語が非論理的で、総じて非論理的であると考えられていたし、私自身もそう思っていた。上の「説明」にあてはめれば、

「日本人は情緒的だから非論理的なのですよ」ということになる。私はその言説を鵜呑みにし、日本人が非論理的であるにもかかわらず、明治以降、急速に発展して産業国、先進国になりえたのはなぜなのかを明らかにしたいと思うようになった。

しかし、本書の内容を読んでいただければわかることだが、ここ20年ほどの心理学における比較文化的な研究から、日本人が非論理的という言説は、かなり疑わしいと言えるようになった。本書では、文明的な発展にはどのような要因が重要かについて7章で言及もしているが、「日本人が非論理的であるにもかかわらず産業国になった」という問題は存在しないものとなり、主として論じたのは、タイトルにもあるように、本当に非論理的なのかという問題である。

ある程度この領域に精通していた私でさえも抱いていたこのような誤解は、現在でも、かなり多くの日本人に共有されていると思う。この、人々に共有されている思い込みを何とか是正していきたいということが、私が本書を執筆した最も大きな動機であり、目的である。一般的に、学術領域全般に言えることかもしれないが、国際的な学術雑誌ですでに否定されていることや疑問視されていることが、メディア等では通説としてまかり通っていたりすることが少なくない。もちろん、学術雑誌に掲載されている論文での知見・主張がすべて正しいわけでもないが、少なくとも、当該領域についての世界の第一線で活躍する研究者によるピアレビューと呼ばれる審査過程を経ており、その時点で最も信頼できるものと言える。通説がこのような学術雑誌の知見・主張と乖離する傾向は、人文・社会系の領域でよく見られる。特に、専門家ではなくとも意見が言えそうな政治や教育などにおいて顕著なのではないだろうか。それらの領域の一つである心理学でも例外ではない。メディアで発言をする人たちがそのような学術誌に目を通すということがめったになく、また、学術雑誌での知見をわかりやすく一般に伝える研究者も少ないという実情から起きていることであろう。さらに、メディアでは商業主義を無視することができず、科学的知見よりは人々の興味を引くものが優先され、このような現状に至っているのだろう。心理学領域における最もひどい例の一つがABO血液型性格判断だと思うが、これも、何度否定されてもギリシャ神話の怪物ヒュドラのように死なない。

文化比較、特に日本文化に関係するテーマも、このような傾向が強い。特に問題なのは、いわゆる「日本人論」と呼ばれている書籍である。本書でも、最終章においてこの「日本人論」に言及し、そこで、船曳建夫やベフハルミの見解を紹介している。彼らによれば、そして私も実際に同意するのだが、日本人論は、その多くが比較文化の専門家によって書かれたものではなく、また厳密な科学的比較文化研究によって得られた知見に基づくものでもない。その学術的妥当性に疑義があるものが大半なのである。とくにベフハルミは、「多くの日本文化論あるいは日本人論はイデオロギーにすぎず、大衆消費財のようなものである」と断罪している。比較文化論におけるイデオロギーは、偏見や偏狭なナショナリズムと容易に結びつきやすく、放置は危険なのである。

本書では、科学的な根拠を求めながら議論を進めているので、国際的な学術雑誌に掲載されている比較文化研究が常に参照可能であるようにしている。それで、本文中では、研究成果の紹介や主張を行なっている人名の後に、アルファベット表記での研究者名と論文の出版年を記している。煩わしく思われるかもしれないが、ご容赦いただきたい。該当する書誌情報は、巻末の「引用文献」にリストされている。また、学術雑誌に掲載されている研究論文を紹介するさいは、専門外の読者の方々にもできるかぎりわかりやすくということを心がけたが、どうしても難解な箇所が生じてしまう。これについても、ご寛恕願いたいと思う。

本書では、「論理的かどうか」に注目しているので、他の比較文化的な側面についてはあまり深く言及していない。それでも比較文化を、あるいは日本人の文化的特徴について語るには、どのような基準が必要かは明示している。最も重要な点は、文化差が事実として同定できれば、それをどのように説明するかである。本書では、6章と7章でどう説明すべきかを議論しているが、ここは私が最も精力を込めて執筆した部分である。私は、イデオロギーに囚われずに科学的に説明することが、文化差を最も公平に俯瞰できるものだと考えており、このような不断の努力が、近い将来に文化差にまつわるさまざまな偏見やステレオタイプから私たちを開放してくれると信じている。なお、「論理的かどうか」以外で本書の中で言及した比較文化的通説の一つが、「日本人は自然を愛する民族である」という主張である。これはむしろ日本人の肯定的特徴とされているのだが、最終章で、かなり大きな疑義を提起している。

謝　辞

本書を執筆するにあたって、多くの人々のお世話になった。まず、私に人間の認識についての心理学を最初に教えてくださった京都大学名誉教授の故梅本堯夫先生と、同じく京都大学名誉教授の清水御代明先生、神戸親和女子大学の多鹿秀継先生にお礼を申し上げたい。また、人間がどのように思考するかについては、英国のウォルヴァーハンプトン大学名誉教授のケン・マンクテロー先生、ダラム大学のデヴィド・オーヴァー先生、およびロンドン大学バークベック・カレッジのマイク・オークスフォード先生に、研究の哲学的背景から実施のノウハウまで、ずいぶんと教えていただいた。彼らは、この15年余りの間の、私の指導教員のような存在である。

比較文化研究の共同研究者として、成均館大学のド・キュンスー先生、リヨンの認知科学研究所のジャン－バプティスト・ヴァン・デル・エンスト先生、パリ第8大学のジャン・バラトジン先生、ヌーシャテル大学のユーゴ・メルシエさん、カンザス州立大学のゲーリー・ブレース先生、ウタラ・マレーシア大学のノーハヤチ・ザカリア先生とシャフィツ・モフード・ユソフ先生、ウォルヴァーハンプトン大学のナイアル・ガルブレース先生、上智大学の出口真紀子先生、日本大学の川﨑弥生さん、元大阪市立大学研究生の張波さんの名前をあげたい。以上の方々には、これまでの比較文化研究において過大な助力をいただいている。

京都大学の田窪行則先生、楠見孝先生、名古屋大学の唐澤穣先生、ライ・ウェイリン先生、戸田山和久先生、神戸女学院大学の小林知博先生、立命館大学の服部雅史先生、服部郁子先生、朴真理子先生、慶應義塾大学の平石界先生、北星学園大学の眞嶋良全先生、東京電機大学の高橋達二先生、高槻赤十字病院の岸本寛史先生、龍谷大学の郷式徹先生、神戸大学の林創先生、大阪教育大学の高橋登先生、大阪府立大学の岡本真彦先生、名古屋大学の中村紘子さん、大阪市立大学の新居佳子さんには、学会でのシンポジウムや研究会などで貴重な意見交換などをさせていただいている。これまでにいただいたコメント等は、本書の随所で活用されている。

本書の執筆途中で、ウィスコンシン大学の宮本百合先生からは、ご自身の研究内容について私の質問に対する丁寧な回答をいただいた。また、私が知らなかった研究資料について教えていただいたりもした。本書でも論文を引用しているが、宮本先生は、感情面での比較文化研究についての研究の世界的な第一人者である。

また、私が現在所属している大阪市立大学に赴任して5年目となるが、大学の同僚の先生方にもずいぶんとお世話になっている。心理学の池上知子先生、川邉光一先生、佐伯大輔先生には日ごろからご研究の最新情報をいただいており、また歴史学の井上徹先生、草生久嗣先生からは歴史的な東洋と西洋の比較について教えていただいている。

以上の方々に、心からのお礼を申し上げるとともに、本書の草稿を読んで下さった大阪市立大学の西優里さん、妻でもあり深層心理学の立場から比較文化についての討論を仕掛けてくる京都学園大学の山愛美氏、そして、この出版不況の中で本書の出版をお引き受けいただき、かつ草稿について修正のための貴重なコメントを下さった新曜社の塩浦暲社長に、厚く感謝の言葉を申し上げたい。

目次

装幀＝末吉亮（図工ファイブ）

1章　19世紀の亡霊

1－1　日本人は劣等民族？

日本人は、非論理的なのだろうか。私たちの中には、日本人の思考が非論理的だと信じている人はかなり多いのではないかという気がする。しかし、そう信じている人たちが、すべて同じような根拠で同じように考えているわけではない。日本人が非論理的であるとする主張の根拠としている現象はさまざまであり、また「ではなぜ、日本人は非論理的なのか」という理由も、人によってずいぶんと異なるのではないだろうか。太平洋戦争時における、思考停止に陥ったのではないかとさえ思われる集団意思決定を根拠にする人もいるだろうし、マスメディアから流される日本の政治家の失言から、そのような政治家の知性を疑い、さらにその政治家に投票した日本人の思考力を根拠にする人もいるだろう。また、「日本人は情に厚く、理屈（論理）よりも情を重んずる」ということを漠然と信じている人もいるかもしれない。さらには、19世紀に唱えられていた、アジア人やアフリカ人は西洋人に比較して劣等民族であるとする西洋至上主義に、現在でも同意する人がいるかもしれない。さすがに民族の劣等性にまでは同意していなくても、それでも科学・近代的産業などの発展が遅れたアジアは、文化的に西洋より遅れており、そのような文化で育った日本人は思考力が劣っていると信じている人は少なくないかもしれない。

たとえば、ある企業の会議で自分の「論理的」な意見が通らなかったとき、「だから日本人は非論理的なのだ」と、怒りながらつぶやく男がいたとしよう。このとき、彼はどのような理由で日本人の非論理性を主張しているのだろうか。まず、彼は、その会議での結論が「論理的」ではなく、自分のほうがより「論理的」な結論を主張したという信念があるかもしれない。この場合の彼の「論理的」という意味は、「企業としてより合理的」、つまり、「彼が所属する企業の目標に照らして、効果が期待できる手段を選択している」ということかもしれない。彼は、自分の主張する手段が目標に対して最も効果的であると信じているので、それ以外の意見は「非論理的」なのである。そして、なぜ現実には彼が反対した「非論理的」あるいは「非合理的」な結論が下されたのかという理由として、日本人に特有とされているいくつかの特徴、たとえば「タテ社会である」（たとえば、中根 1967）とか「集団の調和を重んずる」などの特徴を思い出しているかもしれない。そして、「タテ社会の日本では、結局は社長の言うことには誰も反対できないのだ」とか「付和雷同的な連中ばかりだ」と心の中でつぶやきながら、「日本人は非論理的」という結論を下しているのかもしれない。

仮に、彼が主張していた意見が最も「論理的」であると仮定すると、彼が考えるように、その意見を採用しない同僚・上司たちは「非論理的」になる。仮にこの判断がほぼ正しいとすると、彼の頭の中には、どんな信念が渦巻いているだろうか。まず、「日本人は所詮アジア人だから、白人である西洋人よりは劣っているのではないか」という可能性である。「劣っている」とはどういうことなのかは定義することが難しく、また、この信念は多くの研究者に否定されているにもかかわらず、漠然とこのように考えている人は少なくないかもしれない。実際、現代使用されている論理学や哲学の主要な源流はギリシャ哲学にあり、近代物理学の祖のニュートンは西洋人であり、産業革命は英国で起き、多くの植民地を獲得したのは西洋列強であり、ノーベル賞受賞者は圧倒的に西洋人が多く、現在でも裕福なのは概して西洋の国々である。

19世紀の西洋列強による植民地化の過程で、人類の中で優れているのは西洋人であり、アジア人やアフリカ人は劣等民族であると考えた人々は多かった。サイード（Said, 1978）は、ヨーロッパ人にとって、中東以東は、歴史的に、キリスト教徒は異なった、異質で不気味なものであるとされてきたと述べている。このようなイメージは、言説として西洋の文学をはじめとする諸々の文献の中で現われており、とくに、イスラム帝国（サラセン帝国）によるスペイン征服やオスマン＝トルコによるコンスタンチノープル陥落の歴史を残してきた中東のムスリムは、邪悪で恐るべきものという見方をされている。さらに、その向こうの、灼熱のインドに住む人たちは裸の野蛮人であり、極東の中国人は西洋人の理解や想像の範囲を超えていた。そのアジア・アフリカ観は、ナポレオンのエジプト遠征や英国によるインドの植民地化の過程で顕著に現われていた。その植民地化の理由の一つが、「劣った彼らは西洋人による庇護と啓蒙が必要だ」という判断なのである。これらの言説は、オリエンタリズムという概念にまとめられている。

ダーウィン（Darwin, C. R.）自身は意図しなかったにせよ、彼の唱えた進化論はこの思い込みに当時の人々が科学的と信じた根拠を与え、自然選択（natural selection）によって西洋人が種として優秀な民族になったとする信念を形成してしまった。それだけではなく、ゴルトン（Galton, F.）によって、社会運動としての優生学（eugenics）が提唱されるに至った。これは、生物の遺伝構造を改良することで人類の進歩を促そうとする科学的社会改良運動で、「自然」ではなく、優秀な遺伝子の「人為的」選択をめざしたものである。これが、西洋人至上主義と結びついて、アーリア系人種を世界で最優秀な民族にするためのナチスによるホロコーストの理論的根拠となった。また、オーストラリアでの先住民への隔離・同化政策にも結びついている。

また、当時の社会の進歩についての理論にダーウィンの進化論が取り入れられて作られたのが、社会進化論（social Darwinism）である。この理論によれば、有能な個人が生き残りに有利であると同じように、優れた社会・文化が勝ち残って発展していくと主張され、19世紀の時点で、西洋社会が最も進んだ状態にあると考えられていた。進化論という命名がなされているが、これは種についての自然選択のあくまで比喩的な適用であり、ダーウィン自身の進化論からは逸脱している。優生学にしろ、社会進化論にしろ、これらの考え方は、適者生存・優勝劣敗という発想から強者の論理となり、西洋列強による侵略や植民地化を正当化する根拠になった。

これに対して、文化相対主義（cultural relativism）は、西洋至上主義や社会進化論に対する強烈な批判として位置づけられている。たとえば、この中心的主唱者であるボアズ（Boas, 1911）は、すべての文化は優劣で比べるものではなく対等であると主張した。これは、ある社会の文化の洗練・発展の先進性はその外部の社会の尺度によって測ることはできないという倫理的な態度に基づくものである。この議論は、本書でも取り上げる「何が合理的なのか」という論争とも関係する。文化相対主義では、それぞれの文化の中に特有の合理性基準があり、その基準に照らせば、どの文化も十分に合理的であるとされる。

たとえば、ベネディクト（Benedict, 1934）は、文化は、類型（type）と呼べるほど固定的なものではないとして、文化の型（pattern of culture）という表現を用いて、その機能を、人間の集団が永続的な社会生活を営むために必要な一定の思考と行動の型を形成し、保持すると共に、その集団のまとまりを妨げるものを排除したり、無害なものに作り変えたりすることとした。また彼女によれば、文化は、国または部族のメンバーが共有する無意識、すなわち集合的無意識の中に存在し、それは、意識されないことによって世代を超越し、歴史を超越し、環境を超越し、社会的変動を超越し、政治的権力を超越して、長期にわたって変化しない。そして、異なる文化の型同士は、互いに矛盾することが起こりえて、そういう場合でも、どちらが正しく、どちらが不正であるという絶対的判断を下す根拠は存在せず、価値の優劣を見分けることはできないのである。

さらにミード（Mead, 1928, 1935）は、南太平洋のサモアやパプア・ニューギニアにおいてさまざまな調査を行ない、「遅れている」とされた彼らの文化が独自の合理性を持ち、西洋文化を基準にして発展の程度を議論することはできないという結論を導いた。彼女を一躍有名にしたのは、「サモアでは、女子は思春期でも闊達で不安定にはならない」や「男性でも攻撃的ではない文化や、女性でも攻撃的な文化がある」という報告である。この「発見」は、「思春期の女子の精神的不安定さは、身体の生物学的変化によるもので、文化普遍である」、「攻撃性は男性の生得的な性質である」などの当時の常識を覆すもので、このような特徴は、生物学的なものではなく、文化的なものであると主張されるに至った。

文化相対主義は、未開とされた文化に住む人々への偏見や差別を是正する点でたいへん大きな役割を果たした。ボアズやミードがこの主張を開始した1920年代は、「氏か育ちか（nature or nurture）」という論争が盛んなころであり、ミードの調査結果は、「育ち」、つまり文化的影響が、生物学的影響よりもはるかに大きいとすると主張の裏付けとなった。また、文明への批判と自然賛美から生まれた概念に、「高貴な野蛮人（noble savage）」がある。これは「野蛮人は無知で残虐で攻撃的」とするそれまでの常識を打ち破る思想で、「ヒトの暴力・攻撃性・殺人」は、武器の考案などによる現代文明の産物であり、もともと人間は、道徳的で平和に暮らしており、それが当時未開とされた人々の間に見られるとして、彼らは「高貴な野蛮人」と命名されたのである。この考え方も、自然選択や社会進化によって、西洋社会が最も高度な道徳性を発展させたとする主張に異議を唱えるもので、

「サモアの人々は攻撃性が低く、争いもない」とするミードの「発見」は、この主張の強力な裏付けになったのである。

しかし、文化相対主義には、二つの問題があった。第一は、このミードの研究のずさんさである。これは、フリーマン（Freeman, 1983）による指摘で、文化人類学者としてのパイオニアの一人であるミードも、その研究は現在の基準に照らせば極めて不十分であった。彼女は、サモア語も話せず、サモアの社会に十分に参加することなしに、伝聞で集めた資料から「高貴な野蛮人」や文化相対主義の主張に合致する報告を行なってしまったようである。とくに、女性の思春期の記述の誤りついては、まさか自分たちの話が学術的な本に載ることを夢想もしなかった、サモアの娘たちのふざけ話を真に受けたためであると推測されている。実際、その後に行なわれた現地での調査研究では、ミードが報告した事実はほとんど確認されず、当初は、ミードが調査を行なった1920年代以降、西洋の文化が入ってきてサモア人が変容したのではないかと推測された。しかし、現在では、ミードが報告した「発見」は、その多くが否定されている。さらに、「高貴な野蛮人」については、デイリーとウィルソン（Daly & Wilson, 1988）が、決定的に否定している。彼らは、西洋文明の影響を受けていない人々と現代の都市での殺人の比較を行ない、前者での圧倒的な殺人の多さから、「高貴な野蛮人」が19世紀の人々の願望や空想に過ぎないことを示したのである。

第二は、文化相対主義が、差別や偏見と結びついてしまった優生学や社会進化論に対するアンチテーゼとして、科学的主張というよりはイデオロギー的主張と見なされている点である。実際、文化相対主義者が文化に優劣はないとどのように主張しても、歴史における圧倒的な西洋の優位性から、「嘘くさい主張」という印象を受けやすく、その意味で、文化相対主義を、平等主義者の絵空事と見なす人も少なくはない。では、もう一歩進んで、文化相対主義は倫理という点でなら理想的なのかというと、実は必ずしもそういうわけではない。たとえば、「未婚の女性が父親の許可なしにある男性と付き合うと、父親あるいは彼女の男きょうだいが彼女を殺害してもよい」とされる習慣を考えてみよう。私たちは、この習慣は人道上止めさせるべきであると考えたくなる。しかし、この習慣の背景には、女性がある男性と付き合うということはその女性がその男性に奪い取られることと同義であり、女性が奪い取られるということはその家族が他の家族から侮りを受けるという意味があるかもしれない。さらに、この社会では、家族という集団が重要であり、家族が他の家族から侮りを受けると、その社会の中で生計を立てるのが難しくなるという事実があったとしたらどうだろうか。そうすると、彼女を殺害するという行動は、この文化の基準からすると、十分に合理的ということになる。実は、文化相対主義からは、他国の固有の文化価値に基づく非人道的と考えられる習慣など対し、批判することができない。固有の文化価値について優劣はなく、お互いに尊重すべきであるという理念があるからである。この点で、文化相対主義に対しては、倫理上も多くの疑問が投げかけられている。

それでは、地球上における文明の不均衡な発展、つまり、なぜルネッサンスや産業革命が西洋で起こり、なぜアメリカ先住民をマイノリティにし、アジアやアフリカを植民地化したのは西洋であるのかという歴史的事実を説明するために、西洋人が最も優秀であるとする説や社会進化論を復活させるべきなのかというと、端的に本書での結論を述べれば、そうすべきではない。そもそも、西洋人が優れているという主張や、社会進化論自体に、科学的根拠が薄いのである。しかし、この19世紀の亡霊は、私たちの精神の奥深くに棲みついてしまっているようで、何かちょっとしたきっかけがあると甦ってくる。冒頭であげたのはその架空の例だが、私たちの周りでよくある話ではないかと思う。

現在、幸い私たち日本人はテクノロジーの進歩に支えられた比較的裕福な国に住み、安全面、衛生面などでも恵まれていると言える。しかし、この日本の経済発展についても、単に、西洋社会の真似をしたためであると考えて、結局この豊かさを考案したのは西洋人であって日本人ではないと考えている人は少なくないだろう。社会進化論の出番である。このような、「常識」が幅を利かす中で、冒頭で示した例の鬱屈男は、彼が自分の会社の会議で経験したような「論理的」な意見が通らないという現象は日本に特有であると、確たる証拠もなしに信じていく可能性が高いのである。実際、日本における不愉快な経験から、「だから日本はダメなのだ」と判断する風潮は少なからずある。1950〜1960年のまだあまり米国やヨーロッパなどに渡航する人が多くなかったころ、渡欧渡米帰りの人々によって、西洋文化圏でのちょっとした経験・逸話から、「米国では〜、だから日本は遅れている」という言い方がよくなされたようである。もちろん、これによって日本における不適切な習慣などが改められるならば貴重な意見となるが、「では」が連呼されることから、このような人々は一部で「デワの守」と呼ばれていた。彼らが、日本の後進性を指摘すると同時に、「私は遅れた日本人とは違う」ということをほのめかして自分の優位性を示しているような印象を与え、多少の僻みや妬みから揶揄されて命名されたのである。「デワの守」の起源が、幕末期における西洋文明に対するショックにあるのか、あるいはもっと昔の、「都では」にさかのぼるのか定かではないが、このように「日本は後進的である」という言説が暗黙裡に刷り込まれてしまうと、極端な場合には、西洋の実情を全く知らないにもかかわらず、「だから日本人は非論理的だ」と信じてしまうということが起こりうるだろう。

この亡霊は、19世紀半ばに開国をして、西洋文明の発展に追いつこうとするエネルギーになったかもしれない。しかし、これが偏狭なナショナリズムに憑依されるとやっかいなことになる。西洋文明や西洋人に対する劣等感は、日本よりも発展途上とされる国々の人々への優越感となり、他のアジア、アフリカ、南米などの人々への偏見や差別に結びついてしまう。また、この亡霊とナショナリズムの問題は、日本人だけではなく、西洋人の中でも起きてしまう。たとえば、１９７０年代の日本の工業技術と経済の発展に直面して、一部の米国人は、能力で劣っているはずの日本人が、やみくもに西洋文明・科学を真似てずる賢く成り上がってきたと考えていた。そして、産業を発展させた理由は、軍隊のようなタテ社会組織を持った日本企業の中で、ロボットのように働いているからであると想像した。そして、その結果、日本車の輸入によって自動車産業が衰退し、失業者が増えたデトロイトでは、強い反日感情が芽生えた。車のバンパーに「ホンダ、トヨタ、パールハーバー！」が現われたのもこの頃である。いずれの場合も、文化はその中に住む人々を外の世界に対して盲目にするということの好例である。

1−2　本書の概観

本書では、この20年余りの間に飛躍的に発展した東洋人と西洋人の実証的な心理学の比較研究を中心に紹介し、タイトルにあるように「日本人は本当に非論理的なのか」ということを検討する。前節の男のつぶやきから、「日本人の思考は非論理的なのだろうか」という問題を検討するときに、いくつかのポイントを考慮することが必要なことがわかる。

ひょっとしたら、彼が「非論理的」と感じたこのような意思決定は、日本人の特徴というよりは、人類に共通することかもしれない。実際、私たち人間は、さまざまな非合理的な判断を下していると いうことが実証されている（たとえば、Evans, 1989）。とくに、１９８０年代は、認知心理学領域において、人間の推論がいかに論理学や確率論から逸脱しているかということが、これでもかこれでもかと実証された時期である。しかし、これらの逸脱について、文化差があるとか、日本人の逸脱がより顕著であるというような証拠はほとんどない。むしろ、文化普遍的な傾向のほうが強い。また、１９８０年代には「非論理的」とされた人々の解答について、１９９０年以降になると、進化上やむを得ないという見解も提案されるようになった。ヒトの脳が進化してきた１０００万年単位の進化史的スパンから見れば、論理学や確率論が生まれた文明社会はわずかの期間であり、野生的な狩猟採集社会の期間のほうが圧倒的に長い。簡潔に言えば、野生的な環境で進化した脳は、文明社会の産物である論理学や確率論をうまく使いこなすことができないことが多いのである。そして、このような進化的な要因としての逸脱は文化普遍的である。これらの議論の詳細は2章で紹介する。

また、前節に登場した男は、自分が「論理的」と考えているようだが、この根拠は何だろうか。一般に、論理的かどうかを判断する場合、何らかの規範に合致しているかどうかという基準が必要である。この規範は、思考に対する規範理論と言われており、代表的な規範理論は、論理学と確率論である。ある前提から、論理学が定めた規則に違反した結論を導けば、それは「非論理的」と判断される。たとえば、「すべての人は死ぬ、ソクラテスは人である」から、「ソクラテスは死なない」を導けば、明らかに非論理的であると言える。しかし、前節の例の男が想定している規範理論は、おそらく論理学ではない。なぜならば、彼は企業における良き意思決定についての規範を想定しているからである。また、企業のある戦略が成功する確率を考慮しているので、確率論は使用されているかもしれない。しかし、その確率は数学的に導かれるようなものではなく、経験による推定である。彼が用いている規範は、ある目標と、その目標への到達が見込まれるいくつかの選択肢があり、どの選択肢が高確率で最も目標に到達することが見込まれるかという基準になるだろう。しかし、この規範の基準は明確なのだろうか。たとえば、ここから自動車でA市に向かおうとする場合、XとYというルートがあると想定しよう。道のりはどちらも10㎞だが、Xは渋滞が予想され、Yは予想されないとしよう。この場合、よほど渋滞が好きではない限り、Yを選択することが合理的である。おそらくこのような基準が規範として適しているのではないかと思われるが、しかし、仮にこの規範が適していたとしても、このようにすんなりとある選択肢が別の選択肢より優れていると判断できる例はまれである。現実には、Xは近いが渋滞が予想され、Yは渋滞はないのだが遠いといった状況が多いはずである。そのような場合、Xを通るのとYを通るのではどちらが「論理的」なのだろうか。また、日本道路交通情報センターの予測にしたがって、渋滞が予想されるXを避けてYを通った山中さんより、その予測を無視してXを通った山田さんのほうが早くA市に到着するということもあるかもしれない。その場合、山中さんと山田さんでは、どちらが「論理的」なのだろうか。以上は、人間の推論や思考についての規範理論の問題であり、3章で、いくつかの論拠を紹介したい。

日本人は非論理的あるいは論理が弱いのではないかと思っている根拠の一つに、ディベートがある。ときおりメディアでも、「日本人はディベートが下手である」などの主張が行なわれていて、日本人は論理的思考が苦手なのではないかという疑念が持たれている。ディベートについては、日本人が劣っていると直観的に推定している人は多いかもしれないが、どのようなディベートが優れているのかについての客観的な基準があるわけでもなく、また証拠となる比較文化的なデータはそれほど多いわけではない。日本人が、他国の人々に比べて、非論理的なのか否かを議論する場合、逸話的な経験談よりも、実証的な研究データが必要である。比較文化についての実証的な心理学の研究は、日本人とそれ以外の人々を比較するというよりも、主として、日本人を含めた東洋人と西洋人を比較したものが多い。日本人だけにとくに注目したものではなく、中国人・韓国人・日本人・アジア系米国人などと、ヨーロッパ系米国人・ヨーロッパ系カナダ人などとを比較したものである。これらの研究では、日本人は、中国人や韓国人と同じ東アジアの人々として位置づけられていて、日本人独自の特徴というものが議論されているわけではない。したがって、実は本書での主たる議論は、「日本人対それ以外」というよりは、西洋人と東洋人の対比データに基づいている。実は、この西洋人と東洋人という呼び方は漠然としている。西洋人とは、遺伝子的に定義されるというよりはどちらかといえば、ギリシャ・ローマの文化を継承し、キリスト教文化の範疇で育った人々を指す。ヨーロッパだけではなく、北米・南米、およびオーストラリアやニュージーランドに移住した人々の子孫が含まれている。一方、東洋人は、中国を中心とする儒教文化圏の人々を指し、中国人、モンゴル人、朝鮮・韓国人、および日本人である。東南アジアは含まれないが、儒教の影響を受けたという点でベトナムを含むこともある。

4章では、本書におけるテーマについて、比較文化的実証研究による証拠を紹介する。この領域のパイオニア的研究が、ペンとニスベット（Peng & Nisbett, 1999）によるものである。彼らは、西洋人は、規則に基づく推論や思考を好むとされているが、東洋人は、弁証法的（dialectical）な思考傾向があるということを実証的に発見している。これが、日本人が論理的か否かの最も大きな鍵になるだろう。なお弁証法は、ギリシャ哲学にその源流があり、事物の対立を議論や問答で解決することを目的としている。この考え方は、ヘーゲル（Hegel, G. W. F.）によってまとめられ、人間の現実認識が、対立を通して絶対知に到達していくダイナミズムとしてとらえられている。彼によれば、すべてにおいて自らのうちに矛盾が含まれており、これらは、ある命題（テーゼ）と、それと矛盾または対立する命題（アンチテーゼ）として記述される。命題と対立命題は互いに対立しあうが、その対立によって結びつき、止揚（アウフヘーベン）されて統合命題（ジンテーゼ）が生み出される。もし東洋人の推論が弁証法的だとすれば、「非論理的」というように否定的にとらえられるのではなく、むしろより高度な認知スタイルではないだろうか。

上記の問題は、5章で議論する。この章では、この東洋人の弁証法的思考傾向について、より詳しく検討する。認知についての比較文化研究の中で、最も影響力がある実証的な研究はニスベットの研究グループ（Nisbett, 2003; Nisbett et al., 2001）によるものだろう。彼らは、２００１年時点までの主として東洋人と西洋人を比較した心理学的な実験論文を詳細に検討し、西洋人は分析的（analytic）認知スタイルであるのに対し、東洋人は全体的（holistic）認知スタイルであると総括した。分析的認知とは、対象をその文脈（context）から分離し、対象そのものに注意を向け、その対象についての予測に規則を用いることを好む認知スタイルであり、一方、全体的認知とは、対象を含む文脈全体に注意が向けられ、対象と文脈の関係から対象についての予測が行なわれるような認知スタイルである。

文脈とは、認識対象に関連する周辺の刺激である。たとえば、リンゴという対象を認識しようとする場合、もしスーパーマーケットで販売されているならば、そのリンゴを取り巻く別のリンゴや別の果物、あるいは値札などが文脈になり、リンゴの木にぶら下がっているならば、枝や葉っぱが文脈となる。彼らによれば、この例で説明すれば、東洋人は、対象となるリンゴそのものだけではなく、リンゴを取り巻くさまざまな刺激により注意を向けやすいということになる。ニスベットによれば、東洋人の弁証法は、この全体的認知の一側面なのである。たとえば、自分の意見あるいは正しいと思われていることがある状況で、そこに他の意見が入ってきたと仮定しよう。自分の意見が認識対象ならば他の意見は文脈になり、他の意見が認識対象ならば自分の意見は文脈になる。西洋人は、認識対象のみに注意を払うが、東洋人は文脈にも注意を払うので、双方を考慮して折衷的に判断して、弁証法的になるとされる。弁証法は、非論理的という側面と、逆にヘーゲルが述べるようなより高度な推論という側面がある。5章では、それに加えて、IQについて、東洋人と西洋人ではほとんど差がない(むしろ東洋人がわずかだが高いという調査結果もある)という事実をこれまでの議論に組み入れる。

6章では、このような文化差があるとすれば、それがどのように説明されるのかを議論する。一般に、文化差は三つの方法で説明される。第一の方法は、遺伝子頻度による説明である。これは、特定の遺伝子を持っている人の割合が民族によって高かったり低かったりするという事実による説明である。遺伝子頻度の違いは、目や髪の色を決定する遺伝子などの頻度差がよく知られているが、認知の文化差の説明に適用できるのだろうか。文化差を説明する第二の方法は、特定の文化が、その場所・地域への生態的な適応の必要性から生じたとするものである。また、第三の方法は、文化の伝達によるものという説明である。この章では、第二、第三の方法をミックスした説明として、西洋の個人主義・東洋の集団主義という文化の違いによる説明をまず紹介する。個人主義と集団主義については、6章で詳しく説明するが、前節で触れた、「集団の調和を重んずる」などは代表的な集団主義の特徴である。この他、ギリシャ哲学以来の西洋の文化的伝統と道教・儒教・仏教の東洋の文化的伝統による説明、そして、使用している言語の影響による説明を試みる。

7章では、適応という点で文化がどのように形成されてきたのかを考慮して議論を展開する。とくに、最近出版が多くなってきた、ビッグ・ヒストリーとしての理論への可能性を検討する。ビッグ・ヒストリーとは、文化が生まれてその多様性が生じてきた過程への、人間の進化や生態学的な視点からのアプローチである。ビッグ・ヒストリーは、文化のビッグ・バン（Cultural Big Bang）がなぜ起きたのかという説明と、それ以降の文化の多様化や文明の発展の不均衡の説明に大別できる。なお、文化のビッグ・バンとは、3～5万年前にホモ・サピエンスに起きた非常に大きな文化的変化で、石器等に見られる技術革新や洞窟壁画などの芸術が特徴である。また、アフリカ以外の文化の多様性および文明の不均衡な発展は、ホモ・サピエンスの約7万年前の出アフリカ以来の歴史である。アフリカ以外の世界に住む私たちは、このときにアフリカを出た人々の子孫で、なお、このアフリカからの移住は、聖書におけるモーゼのエジプトからの脱出にちなんで「出アフリカ」と呼ばれている。アフリカを出たホモ・サピエンスは、ユーラシア、オセアニア、南北アメリカの各地にたどり着き、そこで文化を創り上げていった。しかし、その後の文化様式や文明の発展には大きな違いが現われるようになり、その結果が現代である。このアプローチが好まれる理由は、たとえば、ダイアモンド（Diamond, 1997）が試みたように、特定の民族の優秀さや道徳性という概念を借りずに、地勢的、生態的な要因、すなわち、そこがどのような自然環境で、そこから何が収穫できてどんな動物が棲んでいるのかという要因によって、みごとに文化差や文明の発展の差異の説明がなされているからである。これらの成果や研究手法、考え方を受け継いで心理学の比較文化研究に適用したのが、社会生態学的アプローチである。大石とグラハム（Oishi & Graham, 2010）がこれを概説しているが、気候や地勢などの物理的環境や社会的・経済的環境から、文化や文明の違いだけではなく、本書で扱うような人間の精神の文化差も説明しようとする試みである。7章では、これも紹介し、とくに、東洋人の弁証法的思考傾向について、地勢的、生態的な説明を試みた私自身の見解（Yama, in press）も述べてみたい。

最終の8章では、まずこれまで観察されている文化差が過大視されているのではないかという点を議論する。その上で、オリエンタリズムを含めた19世紀の亡霊が、単に日本人が劣っているという面だけではなく、日本人が優れているとか、特殊であるという側面にも憑依しやすい点を指摘する。特殊性の強調は、妙なナショナリズムの刺激に結びつきやすい。日本人の代表的な美点とされるものに、「和の精神」「おもてなし」「協調性」「武士道」「自然への愛」などが思い浮かぶ。この章では、この「自然への愛」という点に注目し、これを社会生態学的なアプローチで解き明かすことを試みたい。実は、社会生態学的なアプローチは極めてドライである。いくら19世紀の亡霊を成仏させることを願っているからといって、せっかくの美徳とされている点まで否定しなくてもと思われるかもしれないが、否定しているわけではない。さまざまな文化差と呼ばれているものを説明するのに、民族の優劣や性格の差異という概念を借りずに、生態学的な要因で説明することができれば、ことさらそういうことを言う必要がないという点が私の視座なのである。

2章　人間は論理的なのか

2−1　人間は論理的であると考える理論

日本人が非論理的かどうかを検討する前に、そもそも人間はどの程度論理的に考えることができるのかという問題を考察しよう。ギリシャ哲学からの伝統では、基本的に人間は理性的な存在であり、他の動物とは明確に区別される。心理学において、明確に人間の論理性を主張したのは、ピアジェ（たとえば、Piaget & Inhelder, 1966）である。彼の認知発達についての段階説によれば、乳児・幼児のころにはあまり有能ではない人間も、12〜13歳の、形式的操作期と呼ばれる段階に至ると、論理的思考ができるようになる。操作とは、心の中における言語やイメージなどの操作であり、形式的とは、操作対象の内容に左右されずに、あるいは抽象的な記号であっても操作が可能であるということを示している。ちょうど、xやyという変数を理解できるようになる中学生が、形式的操作期への到達時期と考えると理解しやすいだろう。

現実には、人間は論理的な誤りを犯しやすいことも指摘されていた。しかし、ピアジェの影響を大きく受けたヘンル（Henle, 1962）は、論理学が、人間の思考をより良いものにしていくために人間自身によって考案されたものであるという前提のもと、論理学の法則は人間の実際の思考の法則を反映していると考えた。そして、人間の論理的誤りは、心理学で使用される論理課題を出題者の意図通りに解釈しないことによって生じていると主張した。たとえば、私たちは、「もしpならば、qである」かつ「pではない」から、しばしば「qではない」を導いてしまう。論理的には、pではないのなら、qであるともないとも言えないので、正しくは、「この二つの命題からは何も導くことができない」である。したがって、これは論理的に妥当な推論ではない。なお、ここで、条件文において仮定される部分pを前件、帰結であるqを後件と呼ぶ。そして、この誤りは、前件否定の誤りと呼ばれている。しかしヘンルによれば、この理由は、「もしpならば、qである」という条件命題が、「もしpではないならば、qではない」という状況も意味すると考え、これが前提に追加されているためであるとされる。追加されていれば、「qではない」という結論は誤りではない。したがって、人間は、このような誤りを犯しても、基本的には論理的であると結論づけられるのである。

人間が論理的であるとする主唱者も、人間が論理的な誤りを絶対に犯さないと考えているわけではない。論理的と主張する研究者も、非論理的と主張する研究者も、人間の論理思考における誤りの源泉に、ワーキングメモリ容量（working memory capacity）の限界があるということには同意している。ワーキングメモリとは、何らかの目標に到達するために、一時的に必要とされる情報を保持しながら処理を進める記憶のシステムである。たとえば、数学の試験で幾何の問題を解くことが目標であるとしよう。そのとき、私たちは問題の内容から、関係がありそうな定理を記憶の中から想起し、それを問題の解決のためにいつでも利用可能な状態にしておく必要がある。記憶から取り出された情報は、ワーキングメモリシステムの中で初めて利用可能状態になるわけである。

ワーキングメモリは、必ずしも意識に対応するわけではないが、ワーキングメモリの容量に限界があるということは、ちょうど一度に意識できる範囲に限界があるという経験で理解できるだろう。そうすると、複雑で、多くの定理を使用しなければならない幾何の問題は、ワーキングメモリ容量を圧迫するので私たちにとって難しいということになり、誤りも多くなってしまう。なお、自分が持っているあらゆる知識や経験が貯蔵されている記憶システムは、長期記憶と呼ばれ、この容量は膨大だが、そこに貯蔵されている知識は通常は意識されておらず、利用可能ではない。利用可能にするためには、ワーキングメモリに転送されなければならず、この転送が「想起」に相当する。

ヘンル以降の新しい理論は、このワーキングメモリ容量の限界を仮定して、解決のために、論理的規則をより多く使用しなければならない課題ほど難しくなると説明している。多く使用しなければならない場合には、ワーキングメモリ容量を圧迫するからである。その代表的なものが、以下に述べる自然論理（natural logic）理論とメンタルモデル（mental model）理論である。ここでは、次の二つの推論を比較してみよう。

もしpならば、qである。pである。
したがって、qである。

もしpならば、qである。qではない。
したがって、pではない。

右は肯定式（modus ponens）と呼ばれ、左は否定式（modus tollens）、または対偶と呼ばれている。私たちには否定式のほうが難しく感じられるが、この理由の説明の方法が、自然論理理論とメンタルモデル理論とでちょっと異なっている。自然論理理論は、人間の推論は論理的であると最も強く主張するものである。この理論によれば、人間は自然論理と呼ばれる論理学に相当する推論規則を知識として持っており、それを推論や証明などに利用するとされる。代表的な自然論理理論に、リップス（Rips, 1994）が提唱したPSYCOP理論がある。PSYCOPでは、「AかつB」などの連言、「〜ではない」という否定、「もしpならば、qである」という条件法についての推論規則が自然論理とされ、これらの規則が、演繹推論を行なうときに適用される。演繹推論は、条件推論（conditional inference）と定言推論（categorical inference）に大別され、条件推論とは、右の二つの例のように、前提に「もしpならば、qである」という条件命題が含まれるものである。また、定言推論とは、前提に条件命題が含まれないもので、「すべてのAはBである」や「あるAはBである」のように、「すべての」や「ある」という量化子が含まれた命題からなっている。「ソクラテスは人間である」かつ「すべての人間は死ぬ」から、「ソクラテスは死ぬ」という三段論法（syllogism）は、代表的な定言推論である。

ＰＳＹＣＯＰでは、解決においてこれらの規則がより多く必要な課題ほど困難になるとしている。「もしｐならば、ｑである」と「ｐである」という前提から、「ｑである」という結論を導く肯定式は、自然論理の推論規則の中にこれに相当するものがあるため、容易である。しかし、否定式がやや難しい理由は、この推論に相当する推論規則が複雑で、人間の自然論理の規則の中に存在せず、別の推論規則を組み合わせて使用しなければいけないからである。また、「もしｐならば、ｑである」を用いた条件推論において、「ｐではない」という前提を加えると、そこから「ｑではない」という前件否定の誤りが生じやすいとすでに述べた。前件否定の誤りがなぜ生じやすいのかについて、ＰＳＹＣＯＰでは、情報伝達についての原理が用いられている。つまり、「もしｐならば、ｑである」という条件文は、論理学上は、ｐが偽でｑが真である可能性も含めている。しかし、「もしｐであってもなくても、ｑである」だとするならば、「もしｐならば、ｑである」という陳述を述べる意味はほとんどなくなってしまう。つまり、伝達されるべき情報の価値はほぼゼロになる。したがって、解釈側としては、「もしｐならば、ｑである」という条件文を受け取ると、「ｐではなくてもｑである」という可能性は除外し、「もしｐではないならば、ｑではない」という陳述が含まれると解釈するのである。

そして、これによって、前件否定の誤りが生ずることになる。同じように、「もしｐならば、ｑである」と「ｑである」という前提から、「ｐである」を導く推論は、後件肯定の誤りと呼ばれるが、同じように、情報伝達についての原理から説明される。

ジョンソン＝レアード（Johnson-Laird, 1983）によるメンタルモデル（mental models）理論が提唱されたとき、当初は、規則を心的操作の単位とするＰＳＹＣＯＰなどの自然論理理論に対して、イメージを心的操作の単位とする理論として受け取られた。したがって、人間の論理性を強調しない理論と色分けされた。しかし現在では、むしろ論理性を強調する理論と考えられている。メンタルモデルとは、知覚的にほぼ実体と同形態の具体的な表象として構成されるもので、推論における前提を理解したり、帰結を導いたりするための心の中の作業用モデルである。

たとえば、「もしｘが雪ならば、ｘは白い」という条件命題は、まず

雪　白い
…

という状況がありうるモデルとして解釈される。つまり、白い雪という事例（モデル）が心に思い浮かんだ状態である。２行目の「…」は、心の中でまだ明示されていない、それ以外の可能性を表わしている。このモデルにおいて、「ｘは雪である」という命題が加われば、そこから自動的に、「ｘ

は白い」を導くことができ、この推論は正しい。しかし、このモデルでは、「xは白い」という命題が加えられると「xは雪である」という誤った帰結が導かれてしまう。上述の、後件肯定の誤りである。さらに、このモデルでは、「xは雪ではない」や「xは白ではない」という命題が加えられた場合には対処することができない。そこで、次の段階では、この「…」の部分を明示的にする必要がある。第二のモデルは、次のようになるかもしれない。

雪　　　　　白い
雪ではない　白ではない
…

このモデルによって、「白ではない」という前提に対処し、「雪ではない」を導くことができるようになった（対偶）。しかし、「雪ではない」という前提が加わった場合には、「白ではない」という誤った帰結が導かれてしまう。これは、前件否定の誤りである。論理学的に正しい帰結を導くためには、

雪　　　　　白い
雪ではない　白ではない
雪ではない　白い

というように「…」をすべて明示的にしなければならない。このモデルからは、「雪ではない」という前提が加わっても、「白か否かの真偽は決定できない」という正しい帰結を導くことができる。また、「白い」という前提が加えられても、やはり同様に「雪か否かの真偽は決定できない」という帰結を導くことが可能になる。

以上をまとめると、メンタルモデル理論によれば、以下の過程によって、帰結が導かれる。

（1）所与の前提から、それで記述された状況を表現するような暫定的なメンタルモデルを構成する。

（2）このモデル状況において真となり、かつ前提で明示されない帰結を導く（「前提で明示されない」ということは、「前提と同じことを繰り返さない」ということである）。

（3）（2）の帰結が偽となるようなモデルの可能性を探索し、もしそのようなモデルが構成されるならば、構成されたモデルから新たに帰結が導かれる。

このサイクルを繰り返しながら、偽となるモデルを発見することができない時点で探索を打ち切り、その帰結を自分の解答として採用する。ジョンソン＝レアードによれば、このサイクルが多いほどワーキングメモリ容量が圧迫されて、誤りが多くなると説明されるわけである。

すでに述べたように、当初、メンタルモデル理論は、人間の論理性を否定するものとして受け取られた。しかし、(1)から(3)のサイクルの中で、「暫定の帰結を反証するようなモデルが存在しなければ、その帰結は論理的に妥当である」という判断能力が想定されており、これは演繹的な能力である。この意味で、メンタルモデル理論も、人間は論理的であるとする理論に分類されるのである。自然論理理論とメンタルモデル理論の大きな違いは、前者はある状態から別の状態への変換の規則を重視し、後者は状態を表現するモデルを重視しているという点である。

2－2　人間が非論理的であるとする証拠

1970年代、80年代は、人間の推論が、非常に非論理的であることが強調された時代である。代表的なものの一つに、図2－1に示される、ウェイソン(Wason, P.)が考案した、ウェイソン選択課題がある。

正解は、Bと6だが、多くの人は6の代わりに3を選択してしまう。一般に、「もしpならば、qである」という規則を偽とするのは、pが

表にアルファベット、裏に数字が印刷されているカードがあり、それらのうち、4枚が以下のように並べられている。

これらのカードにおいて、「もし表がBならば、裏は3」という規則が正しいかどうかを調べたい。そのためには、どのカードの反対側を見る必要があるか。

図2－1　ウェイソン選択課題の例

真でqが偽である事例のみである。したがって、3の反対側には、どんなアルファベットが印刷されていても規則は偽にはならない。一方、6の場合は、反対側がBであると違反になり、選択する必要がある。この実験が最初に実施されたのは英国のロンドン大学だが、優秀とされるロンドン大学の学生でも、正答率は10％以下であった。

当初、この結果は、12～13歳の形式的操作期になれば論理的な思考ができるとする、ピアジェの主張に対する大きな反例とされた。同じころ、確率判断においても人間が犯しやすい誤りがいくつか報告されている。代表的なものの一つが、カーネマンほか（Kahneman et al., 1982）が報告している、基礎比率無視の誤謬であろう。次の問題を解いてみて欲しい。

人口の0・1％の人が感染している病気の感染の有無を調べる検査において、感染していないのに陽性となる確率が5％であるとする。もしある人が検査を受けて陽性と判明したとき、その人の病気の兆候などを一切知らないと仮定して、本当にその病気に感染している可能性はどの程度か？

計算をする前に考えてみて欲しい。あなたは直観的にこの確率をどの程度であると推定しただろうか。「感染していないのに陽性となる確率がわずか5％」というこの検査の誤差とも言える情報から、実際に感染している確率はかなり高いと判断しなかっただろうか。もしそうなら、あなたは「人口の0・1％」という全体の感染確率、つまり基礎比率を無視していることになる。実は、正解はかなり低い確率である。仮に、1000人がこの検査を受けたとしよう。そのうちの1名が真の感染者であり、この人は確実に陽性となる。一方、検査の精度の問題から、非感染者からも約50名が陽性と判定される。すると、陽性と判定された人々の中での真の感染者の割合は、約1／50、つまりおよそ2％であるということがわかる。ウェイソン選択課題同様、この感染者問題も、正答率が非常に少ないことが示されており、やはり人間の確率推論が論理的ではないことの証拠とされてきた。

2-3　内容による影響と進化心理学的理論

前節において、人間が論理的ではないとする証拠をあげたが、このような問題・課題の内容を変化させると、正答率が著しく上昇することが示されている。グリッグスとコックス（Griggs & Cox, 1982）に倣って、ウェイソン選択課題を次のように変更してみよう。たとえば、「ビール」、「ミルク」、「25歳」、「15歳」と表示された4名において、「もしアルコール類を飲んでいるならば、20歳以上である」という規則が守られているかどうかを知るために、誰を調べる必要があるかという問題ではどうだろうか。飲み物の種類が表示されている人は年齢がわからず、年齢が表示されている人は何を飲んでいるかわからない。この飲酒年齢問題では、論理的にはウェイソン選択課題とほぼ同型であるにもかかわらず、ほとんどの人は「ビール」、「15歳」という正解がわかる。

この劇的な効果から、あなたは、人間は論理的であると判断するだろうか。ヒトは、科学をはじめとする文明の発展を初めて産み出した種であり、論理的思考ができないはずがないと考えている人には、この内容効果は大きな励みになるかもしれない。しかし、残念ながら、この効果は、むしろ「人間は論理的ではない」という主張をより強く支える証拠になる。なぜならば、人間が論理的に思考しているように見えたとしても、これは純粋に論理的に行なわれているというよりは、何らかの形で内容を利用して一見論理的な思考になっていると解釈するのが最も妥当だからである。

この内容効果のメカニズムを明らかにすることが、人間が論理的思考をしようとするときにどのような形式の知識を用いているのかという問題の手がかりになるとして、1980年代、90年代に爆発的に研究が行なわれてきた。飲酒年齢の内容を盛り込むと正答率が上昇するこの効果は、当初、「中学生や高校生あたりでビールを飲んでいる連中」というように、規則に違反する事例を容易に想起できるためであると説明された。しかし、この説明は、その後すぐに棄却された。というのは、「もしAをするならば、pが満たされていなければならない」という条件文で、「Aする」、「Aしない」、「p満たす」、「p満たさない」という4名の誰を調べるべきかという問題形式（実際に、Aやpというアルファベットが記号のように用いられた）でも、60％くらいの正答率が得られたのである（Cheng & Holyoak, 1985）。この結果から、人間は、「もしpならば、qである」のような、命題の真偽についての推論は苦手だが、「〇〇するときには、～しなければならない」とか「～すれば、〇〇してもよい」という許可とか義務についての推論（これを「義務論的推論」と呼ぶ）ならば、どのような場合が違反なのかを容易に同定できると推定できる。

さらに、進化心理学では、もう少し異なる説明が行なわれている。進化心理学とは、ヒトの心理的機能・構造は、進化生物学的な意味で生物学的適応の所産であると解釈するアプローチである。主たるテーマは、現在のヒトが持っているさまざまな心理的機能や構造がどのような意味で適応的であったのかという問題と、またどのような要因でヒトの脳だけが進化の過程で容量が大きくなってきたのかという問題である。人間の推論研究領域で、多くの研究者を魅了した点は、「もし適応的な機能が自然選択されるならば、なぜ現代の人間が推論の誤りを犯しやすいのか」という問題に、「ヒトの脳は、１０００万年単位（参考までに、ヒトの先祖とチンパンジーの先祖が枝分かれをしたのが、ほぼ７００万年前である）の長い野生生活において進化した。そのような脳にとって、せいぜい過去２～３０００年の間に発展した論理学のような道具はうまく使いこなせないのが当然である」という解答を与えていることである。このような視点は、現代の人間が抱えるさまざまな問題に適応論的な解答を与えてくれる。たとえば、「甘いものが好きで食べ過ぎる」という特質は、現代の裕福な経済先進国においては、決して適応的ではない。しかし、飢餓の心配がないという状態は人類の歴史の中でごく最近のことである。常に飢餓にさらされた野生生活では、カロリーが高い甘いものを美味しいと感ずることは、むしろ非常に適応的な特質であったと言えるのである。なお、本書では進化概念にしばしば言及するが、1章で紹介した社会進化論とは何の関係もない。

ウェイソン選択課題のこの内容効果は、進化の中で形成された2種類の推論で説明されている。まず、上記の義務論的推論だが、これについてカミンズ（Cummins, 1998）は、社会的哺乳類として進化したヒトにとって非常に適応的であったと推定している。霊長類の一種として、ヒトの脳は、社会的な集団生活に適応できるように進化した。集団生活を営むことは、外敵や捕食者から身を守ったり、協同でリソース（食料など、生存に役立つもの）を得たりという点で、生存に有利である。しかし、一方で、集団としての規則を守ることが必要になってくる。ほとんどの社会的哺乳類において順位制（dominance hierarchy）が観察されるが、この中において、とくに順位が低い個体は、「もし食べ物を採るならば、それはα個体が食べた後でなければならない（α個体は、集団における最も上位の序列の個体である）」とか、「もしα個体が食べた後ならば、食べ物を採ってよい」という規則を学ばなければならない。このような規則を守らないと、集団から排除されるか、下手をすれば殺されてしまう。義務論的推論能力は、このような状況で、生存のために適応的だったわけである。

もう一つの進化的起源は、社会的契約（social contract）あるいは社会的交換（social exchange）である。この概念は、生物に見られる利他行動（altruistic behavior）を説明するために提案されたものである。利他行動とは、食べ物などの自分のリソースを他者に与えるということで、適応という点では不利なはずである。食料が豊富な現代の日本では、友人にお菓子を分けたところで自分が餓死するリスクが上昇するわけではないが、すでに述べたように、野生生活では常に飢餓のリスクがある。利他行動を命ずる遺伝子は、生存という点では極めて不利で、決して適応的ではないのである。実は、適応という点では、純粋な利他性はありえず、お返しをもらって初めて適応的になる。このギブアンドテイクが社会的交換である。社会的交換は、それぞれ贈与する側の損失が低く、受贈する側の利益が大きいと、双方にとって適応的になる。たとえば、野菜が余っていて魚を持っていない人と、魚が余っていて野菜を持っていない人が、野菜と魚を交換すれば、双方に利益があり、適応的である。社会的交換には、このような即時的なものと、お返しの遅延を伴うものがある。後者では、たとえば、Aが豊作でBが不作な年にはAがBに余剰の収穫物を分け与え、お返しに、Bが豊作でAが不作な年にはBがAに余剰の収穫物を分け与えるという例が代表的だろう。この社会的交換は、収穫の不安定さに対する適応的な戦略である。

ただし、社会的契約・交換が進化の戦略として適応的であるためには、騙し屋、つまり贈与を受けたにもかかわらず、お返しをしない人に対して敏感でなければならない。ただのお人よしでは生存に不利である。コスミデス（Cosmides, 1989）は、騙し屋を検知する機能が備わって初めて社会的交換は進化的に適応的になると主張し、これがウェイソン選択課題の内容効果に反映されていると考えた。つまり、条件文が、「もし利益を受け取るならば、コストを支払う」という進化的に形成された構造に一致すれば、即座にこの騙し屋に対して敏感な認知機能が作用するとして、ウェイソン選択課題における内容効果はこの結果であると推定した。条件文についての推論は、生得的な社会的交換を基盤とする能力によるものであり、利益を受け取るならばコストを払わなければならないとする社会契約概念に条件文が一致すると見なされると、その契約に違反する騙し屋に敏感になって正解が導かれる。上の例ならば、20歳というのは大人の責任を果たすというコストであり、アルコールは利益になる。そして、20歳というコストを支払っていないのにアルコールという利益を得ようとする人が騙し屋で、私たち人間はそれに敏感になる。その結果、「ビール」と「15歳」という正解が導かれるわけである。

コスミデスは、この生得的に備わっている社会的契約・交換と、騙し屋に対する敏感さが、人間の推論能力の根幹を形成していると考えた。しかし、マンクテロウとオーヴァー（Manktelow & Over, 1991）は、「もし血液の汚れをふき取るならば、手袋をする」という条件文で、「血液」、「泥」「手袋」、「素手」のような4事例が並んだ問題を考案して、社会的契約・交換だけが推論能力を形成しているという主張に疑問を投げかけた。正答は、「血液」と「素手」だが、この問題も、アルファベットと数字だけのウェイソン選択課題よりははるかに容易であることがわかる。しかし、この条件文には、社会的契約の内容は織り込まれていない。「手袋をする」は面倒くさいという意味でコストかもしれないが、「血液の汚れをふき取る」ことは利益ではないし、むしろ面倒なことである。

血液についての内容効果は、人間の推論能力の根幹が社会的契約・交換のみであるという仮説の反証にはなったが、進化心理学の考え方を反駁するには至らなかった。この新しい内容効果は、危機的なことに敏感であるとするヒトに生得的に備わった危機管理（hazardous management）という認知構造によって起きていると説明されている。つまり「もし危機があるならば、それを防ぐ」という規則において、社会的契約・交換の場合と同様に、この危機管理に違反しそうな状況に敏感であるとして解釈されたのである。つまり、「血液の汚れをふき取る」は、感染などのリスクを伴う危機であり、危機状況である。そして、それを防いでいない「素手」が、違反の可能性があると考えられるのである。

これらの進化心理学者による説明は、モジュール（module）説としてまとめられる。モジュールとは、フォーダー（Fodor, 1983）が提唱した概念で、ある特定の機能のための独立したユニットで、特定の入力のみに敏感で、入力から出力までが自動的で他の情報から遮蔽されているとされる。彼は、この概念によって脳のある領域が、モジュールとしてある特定の課題解決と関係していることを示そうとした。モジュール説が進化心理学に取り入れられやすい理由は、人間の脳は、野生環境において何か特定の課題を解決するのに適しているようにデザインされて進化してきたという想定と符合するからである。現在、人間の認知機構にどのようなモジュールを仮定するかについては、いろいろと議論もあるが、ここで例として示した、社会的契約モジュールや、危機管理モジュールは代表的なものとして含まれている。つまり、社会的交換という状況や文脈においては、社会的契約モジュールが自動的に喚起し、違反しそうな個体に対して敏感になる。たとえば、不平等な交換に対して怒りが止まらなくなったりするのは、自動的で意志の力が働きにくいというモジュールの特徴なのである。また、危機管理をしなければならない状況においては、危機管理モジュールが喚起して、危機になる可能性に敏感になる。

一方、感染問題についても内容効果が報告されている。ギーゲレンツァーとホフラージ（Gigerenzer & Hoffrage, 1995）は、問題文中の、０・１％や５％という確率表現を、１０００人中１名や１０００人中50名というように、頻度表現に変更しただけで、正答率が大きく上昇することを示した。この結果を、彼らは、ウェイソン選択課題における内容効果と同様に、進化心理学的理論で説明しようとした。つまり、ヒトの脳が進化した１０００万年単位の長い野生環境において確率論は存在せず、確率に相当する数量を、Ｘ回のうちＹ回というような頻度形式で心の中で表現されていると主張している。この方法は、ヒトだけではなく、「ｐという場所にＸ回行けば、Ｙ回餌を見つけることができる」のように、他の動物にも共通したものである。これは、頻度という刺激によって喚起される頻度モジュールであるということもできるだろう。問題形式が、頻度モジュールに一致するものならば、正答率は高くなるのである。

2-4　2種類のシステム

進化心理学者は、それぞれの推論機能を担当しているのは、特定の刺激に自動的に喚起されるモジュールであり、人間が「論理的」に振る舞っているように見えても、それは、社会契約・交換モジュール、危機管理モジュール、頻度モジュールなどの何種類ものモジュールが、それぞれ担当の領域の刺激に対して適切に反応している結果と解釈している。

しかし、これらのモジュールを統括することによって可能な、より柔軟で抽象的な推論能力については積極的な言及はしていないし、進化心理学者の中には、そのようなシステムを否定している研究者も多い。その理由は、抽象的、言い換えれば、どのような内容に対しても汎用的に推論可能なシステムが、はたして野生環境の中で進化的に形成されうるのかという非常に強い疑念があるからである。

表２－１　二重過程理論における2つのシステムのそれぞれの特徴

進化的に古いシステム	進化的に新しいシステム
認知負荷が少ない	認知負荷が大きい
連想的	規則基盤的
全体的	分析的
並列的	直列的
自動的	制御的
比較的迅速	比較的遅い
文脈依存	文脈から独立
固定的	柔軟的
進化的合理性	規範的合理性

しかし、実は、モジュール概念を提唱したフォーダー自身は、モジュール的な過程と同時に、それらを束ねて統括する中央実行系と彼が呼んでいるシステムを想定している。この考え方は、エヴァンズやオーヴァー（Evans & Over, 1996）などの二重過程理論（dual process theory）に受け継がれ、モジュールが集まった進化的に古いシステムと、どのような課題にも対応できる抽象的思考を可能にする汎用性がある進化的に新しいシステムが仮定されている。２種類のシステムの特徴は、表２－１に示されている。最も特徴的な差異は、そこで行なわれる情報処理の認知的負荷が大きいか小さいかである。進化的に古いシステムは、ワーキングメモリに代表される認知容量がまだ小さいころからのシステムで、多くの動物も持っている。私たち人間がすばやく行なうことができる動作や、意図しなくても思い浮かぶ記憶などは、自動的で制御することができないので、非常に柔軟性を欠いたものになる。これらはヒト以外の動物とも共通しており、古いシステムでの情報処理である。

そして、このような情報処理は、決まりきったパターンなので認知容量を要しない。一方、進化的に新しいシステムでの情報処理は、遅いのだが柔軟で自分で制御することが可能である。たとえば、難しい幾何の問題を解くときなどは、場合分けを行なったり、それぞれの場合で解答までのシミュレーションを行なったりする必要があるが、これは認知容量を提供できる新しいシステムによってのみ可能である。

そして、重要なことは、このような難しい問題を解いているときは、他の情報処理を行ないにくいということである。自動的に想起することができるような鼻歌なら、それを歌いながら何か別の作業を行なうことは可能である。しかし、幾何の問題の解決の場合は、ほぼ不可能だろう。これは、難しい問題を解くときには認知容量を大きく使用してしまう、言い換えれば認知的負荷が高くなるということである。このように、新しいシステムでの情報処理は直列的であり、古いシステムでの情報処理は並列的（複数を同時に行なうことができる）である。また、前者は、一つひとつの情報に注意を向けているという意味で分析的であり、かつ規則に基づいたものである。一方、後者は、全体から同時に多くの情報を集めているという意味で全体的で、連想的である。

二つのシステムのもう一つの特徴的な違いは、古いシステムの情報処理が文脈依存的で、新しいシステムの情報処理が文脈独立的であるということである。前節で、モジュールが、特定の刺激入力のみを受け付けるということを記したが、それを言い換えると、文脈依存的という表現になる。文脈とは、すでに1章でも述べているが、認識の対象となる刺激の背景となる刺激・情報である。たとえば、スーパーマーケットでリンゴという対象を探すときには果物売り場が文脈になる。古いシステムだと、リンゴは果物売り場にないと認識されにくいが、新しいシステムにおける情報処理ならば、文脈がなくても可能である。つまり、文脈から独立した汎用的な処理なので、リンゴはどこに置かれていてもリンゴである。それゆえに、新しいシステムは、幾何のような内容を伴わない抽象的な論理思考を可能にするのである。

二重過程理論は、論理学、科学、政治・経済・教育などのシステムといった、優れた文化的偉業をなしとげた人間が、なぜ、ウェイソン選択課題程度の問題で間違えるのかという事実を説明するために提唱された。この理論に従うと、進化的に新しいシステムが使用されると「論理的」な推論が可能であり、進化的に古いシステムだと、たとえば飲酒年齢問題のように、社会的契約・交換の内容が織り込まれた条件文の場合は、一見論理的な解答が得られたとしても、その推論は「論理的」と見なされないことになる。ただし、二重過程理論にも解決すべき問題がある。それは、進化心理学者から批判されていることであるが、抽象的で汎用的な情報処理を行なうことができる大きな容量を伴うシステムがどのように進化的に形成されたかについての論拠が弱いという点である。少なくとも、ヒトが進化の過程で解決しなければならなかった抽象的な問題は野生環境には存在せず、その意味で進化心理学者は、脳容量が進化によって大きくなったことは認めているが、それが抽象的推論能力を持っていることに対して懐疑的である。

進化によって、脳容量が必然的に増大するわけではない。現在生存するヒトと最も近縁の種はチンパンジーである。近縁という意味は、先祖が分岐したのが最も近いということで、約700〜800万年前である。そのころのヒト、チンパンジーの祖先の脳の重量は約400グラムであり、その後の700万年の間に、私たち、つまりホモ・サピエンスの脳は約1500グラムになったが、チンパンジーはほぼ同じ重量を保ったままである。ホモ・サピエンスにとって脳、とりわけ新皮質（大脳の表面を占める最も進化的に新しい部分で、神経細胞が集中している）の重量の増大は、結果的に、私たちに文明の恩恵をもたらしたが、この発展は進化的には必然というわけではない。ホモ・サピエンスにとって、体重のわずか2％でありながら身体全体の20％のカロリーを消費する脳は、たいへんな大飯ぐらいであって、飢餓のリスクが常に存在する野生環境では維持をすることがかなり困難なのである。

進化論者間で合意を得ている点は、新皮質の増大によって柔軟な思考が可能になり、生得的な認知機構に頼る割合が減少し、成長の中で獲得される知識や認知技能に大きく依存するようになり、その結果、単に一定の環境条件で適応的になったのみならず、変化がある環境にも適応的になったということである（Geary, 2005）。つまり、脳重量の増大は、変化に富んだ環境において生存する上で非常に有利だったわけである。それに伴って、すでに述べた大飯ぐらいの脳という器官を養わなければならないだけではなく、極めて未熟で産まれ（高等哺乳類の中で、ヒトの新生児は際立って未熟である）、成体になるまでかなりの時間を要するという、生存にとってたいへんな不利な条件があったにもかかわらず、絶滅しなかった。そして、単一の種としては極めて珍しく、熱帯から北極圏まで、地球の至るところに住むことができるようになった。

どのような要因が脳、とくに新皮質の部分を増大させたかについては、多くの理論があり、とてもここでは網羅的に議論することはできない。現在、さまざまな問題解決のために汎用的なシステムが形成されたという主張は影を薄め、代わりに、何らかのモジュールの汎用性が少し高くなり、それぞれのモジュールを統合する何かが必要になってきたという説明が支持されつつある。その最も重要な要因と考えられるのが、社会集団としての環境である。すでに、カミンズの順位制仮説が義務論的推論が進化的に形成されたことを説明していることを述べたが、社会的哺乳類として、集団への適応によって脳が進化したとする仮説は、ダンバー（Dunbar, 1996）によっても提唱されている。彼は、類人猿における集団のサイズの大きさと、脳における新皮質の割合が比例していることを発見した。集団のサイズが大きくなるということは、捕食者からの危険回避など、さまざまなメリットを伴うが、集団内の個々のメンバーの相互理解度が低下するというデメリットも生じさせる。二者関係なら、相手が自分のことをどう考えているかについての推論だけでよいが、三者関係になると、2名のメンバーについての推論だけではなく、彼らお互いがどのような関係なのかという推論も必要になり、同じように、4名、5名と増えていくと、推論すべき関係が爆発的に増大することがわかる。したがって、認知容量が大きければ大きなサイズの集団を維持でき、生存に有利になってくる。そして、認知容量と大きくかかわっているのは、脳の重量というよりは、脳における新皮質の割合なのである。ダンバーは、言語コミュニケーションの起源はこの集団内のメンバー同士の理解にあり、認知容量を大きくする新皮質がそれを可能にしていると提唱し、彼の考え方は社会脳（social brain）仮説として知られている。

このような選択圧によって、何らかのモジュールのための容量が大きくなったことまでは進化心理学者も二重過程論者も同意しているだろう。二重過程論者は、さらにそれによって、モジュール間を結ぶような進化的に新しいシステムが誕生し、モジュール間の情報の伝達が流動的になり、そのようなシステムの副産物として、汎用的な推論が可能になったのではないかと推定している。汎用的推論能力は、野生環境で生き延びるという点で大きな選択圧とはならなかったと推定されるが、大きくなった認知容量によって可能になったことは疑う余地がない。副産物であると考えるのが、最も妥当なように思われる。

2－5　人間は論理的なのか

改めて最初の問題に戻ろう。では、人間は論理的なのだろうか。まだまだ問題点も多いが、二重過程理論に沿って考えてみよう。結論から言えば、自然選択の結果、進化的に手に入れた大きな認知容量によって、かなり論理的な思考が可能なのではないかと考えられる。たとえば、2－2節で紹介した、アルファベットと数字の関係についてのウェイソン選択課題は、大学生でも90％以上が誤る問題として有名である。しかし、この課題の論理構造についての説明を聞けば、ほとんどの人はそれを理解することができるのである。このような論理的な課題が与えられた場合の人間の誤りは、二つに分類することができる。第一は、２－１節で述べたように、人間の認知容量に大きく負荷をかけるような課題に出くわした場合である。円周率を何万桁も覚えるのがほぼ不可能であるのと同じように、何回もあるいは何通りも操作を行なわなければならない論理課題は解決が非常に難しい。何万桁の数字を覚えられないからといって人間に記憶能力がないとは言えないように、非常に難しい論理課題を解くことができないからといって人間が論理的ではないとは言えない。第二は、認知容量を使用する前に、進化的に古いシステムからのモジュールが自動的に起動してしまう場合である。もし、課題が、ウェイソン選択課題の義務論的な形式であるならば、社会的契約モジュールが起動されれば正解が導かれる。しかし、起動されるべきではないモジュールが起動されてしまうと、誤りが導かれることになる。これは、日常的な場面ではうっかりミスに相当し、うっかりミスを犯すからといって人間が非合理的であると言えないのと同様に、起動すべきモジュールを間違えたからといって非論理的であるとは言えない。実際、このような誤りも、よく考えれば、つまり進化的に新しいシステムを使用すれば、誤りを理解して正答を導くことができる場合が圧倒的に多いのである。

人間の論理性を示すもう一つの証拠は、論理学や確率論を作ったのは人間であるということである。逆説的ではあるが、論理学は人間が非論理的であることを防ぐために作られたのだが、作られ、かつ人々に理解されて発展的に伝播した理由は、やはり人間が論理的であるからである。スタノヴィッチ（Stanovich, 2009）によれば、論理学、確率論、科学的思考法は、習得されるためにはある程度の教育が必要であり、これらは、進化的に古いシステムのモジュールから自動的に導き出される反応を抑制し、修正する機能を持っている。これらはマインドウェア（mindware）と命名されている。マインドウェアは、ソフトウェアやハードウェアが連想される造語である。ソフトウェアがコンピュータの物理的な回路であるハードウェアを使って処理を表現するものならば、マインドウェアは、認知機構を使って特定の機能を表現できるのである。

3章　「論理的」とはどういう意味か？

3－1　論理学は「論理的」を保証するか？

2章で述べたが、進化心理学的な立場からは、人間は一見論理的に見えても、それは、たとえば社会的契約モジュールなどがうまく喚起されるような刺激内容によってであり、真の意味で人間は論理的であるとは主張していない。一方、二重過程論者は、何らかの選択圧で大きくなった認知容量によって、論理的な思考が可能になっているということを主張している。確かに、論理学は、論理的な誤りを犯しやすい人間のために考案されたものである。しかし、もし人間が論理的でないならば、どのようにして論理学を作ることができるのかという問題があるため、とりあえずここでは、人間には「論理学を生み出す程度の論理性」はあるとして話を進めていこう。

それでは、論理学は「論理的」であることを保証するのだろうか。たとえば、「もしpならば、q

である」という条件文に、「pである」という前提を追加してみよう。ほとんどの人は、ここから「qである」を導くことができる。おそらく、仮に私たちとはかなり異なった未知の高等生物がいたとしても、彼らが作り上げる論理学がこの肯定式に反するとは思えない。

論理学は、伝統的論理学と現代論理学に分類することができる。伝統的論理学は、一般に現代論理学と対比されるアリストテレスの論理学に代表される。論理学の源泉が西洋にある点も、1章で述べたように、日本人を含めた非西洋人が、西洋人に比して論理的ではないという信念の根拠になっているかもしれない。しかし、古代ギリシャ以外にも、「論理的」を志した学派は存在する。たとえば、古代中国の墨家や名家の学派にも、論理について言及した部分がある（参考として、浅野 1998）。墨家を代表する墨子の思想は、不戦の平和主義や博愛思想として知られているが、論理学や幾何学に言及した記録も残されている。また、インドにおいても論理学が見られるが、その多くは議論や討論において、いかに相手に勝つか、あるいは相手を説き伏せるかという目的のために考案され、発達したと言われている（桂 1998）。ある前提や事実から、いったいどのような結論が導かれるべきなのか、また、この論証形式が妥当であるためにどのような法則を使用すべきなのかなどが探求されたのである。現在、「論理的」とは、ある陳述についてしかるべき根拠がある場合に、その陳述は論理的であるというように、漠然とだが定義されている。論理学は、この根拠と陳述が、無矛盾に結びついているのかどうかを判定する規範として考案されてきたのである。

推論は、演繹（deduction）と帰納（induction）に分類される。演繹とは、2章ですでに述べたように、たとえば、「すべての人は死ぬ、ソクラテスは人である」したがって「ソクラテスは死ぬ」という三段論法のように、前提から必然的に帰結が導かれる（前提が真ならば、帰結は必ず真でなければならない）推論である。一方、帰納とは、たとえば、「スイカ w_1 は赤い、スイカ w_2 は赤い、スイカ w_3 は赤い」という個別事例からなる前提から、「すべてのスイカは赤い」という一般的な帰結を導く推論である。枚挙していない事例については推定に過ぎないので、帰結は確率的である。論理学は、この演繹の必然性・無矛盾性を追究するものとして発展してきた。現代論理学に最も影響を与えたのは、ギリシャのアリストテレス論理学であろう。アリストテレスは、演繹を分析するために、三段論法を材料として演繹の体系化を試みている。

現代論理学は、伝統的論理学を記号で表現していくところから始まっている。本書では、代表的な命題論理学（propositional logic）と述語論理学（predicate logic）について説明する。命題論理学は、個々の命題を「ではない」（¬）、「かつ」（∧）、「または」（∨）、「ならば」（→）などの論理演算子で関係づけたときに、どんな推論が可能かということを扱う。なお、命題とは、ある事実または状況の記述であり、平叙文に相当する。その平叙文が指し示す対象が、その意味となり、命題は、それが真か偽のどちらであるかという真理の担い手となる。命題論理学が扱うものの一つに、表3－1に示される条件文の真理値表がある。2章でも述べたが、条件文が含まれている推論を、条件推論と呼び、「すべてのAはBである」のような、含まれていない命題からなる推論を、定言推論と呼ぶ。この表は、条件文命題である「もしpならば、qである」の真理値を、pとqの組み合わせごとに示している。どの組み合わせを真とするかを決定するのが論理学の役割で、命題論理学では、実質含意（material implication）と呼ばれる取り決めを採用している。この取り決めによれば、条件文は、pが真でqが偽である場合にのみ偽で、あとはすべて真である。したがって、p→qは、右の列の¬p∨qと同じ真理値となる。この取り決めは、たとえば、条件推論の

もしxが雪ならば、xは白い

というような包含関係を表わす論理的関係には適合しているように見える。この条件文が偽となるのは、白くない雪が存在する場合であり、「白い紙」のように、雪ではないxが白くても、この条件文は偽とはならない。しかし、このように、pが偽であるときはqが真でも偽でもこの条件文が真となるという取り決めには違和感もあるかもしれない（この違和感については、3－3節でもう少し詳しく触れたい）。たとえば、pもqも偽である「もしソクラテスが女性ならば、彼は中国で生まれた」という条件文が真という、奇妙なことが生ずる。私たちの通常の感覚からすると、pが偽である場合に、積極的に真とする考え方にも賛同しかねるかもしれない。

一方、述語論理学は、命題を主語と述語に分離した上で、命題の分析を記号論的に行なうものである。定言三段論法における命題が主として分析の対象になり、これらの命題は、全称（all）か特称（some）か、肯定か否定かによって、次の4種に分類できる。

┐

表３－１　条件文（p → q）の真理値表

p	q	p → q 実質含意	￢p∨q	p → q ド・フィネッティ
真	真	真	真	真
真	偽	偽	偽	偽
偽	真	真	真	空
偽	偽	真	真	空

注：真（true）、偽（false）、空（void）

全称肯定命題「すべてのAはBである」
全称否定命題「どのAもBではない」
特称肯定命題「あるAはBである」
特称否定命題「あるAはBではない」

全称命題では、任意のxについてある述語がすべて当てはまることを示す「∀」記号が用いられ、「すべてのAはBである」は、

∀x（A(x)→B(x)）（任意のxについて、それがAであればBである）

と表現される。また、「どのAもBではない」は、

∀x（A(x)→￢B(x)）（任意のxについて、それがAであればBではない）

特称命題では、ある述語に当てはまるxが存在することを示す「∃」記号が用いられ、「あるAはBである」は、

∃x（A(x)→B(x)）（AであればBであるようなxが存在する）

と表現される。また、「あるAはBではない」は、

∃x（A(x)→¬B(x)）（AであればBではないようなxが存在する）

現代論理学は、これら以外にもいくつかの種類があるが、本書は論理学の教科書ではないので、説明は、推論の心理学と最も密接に関係する命題論理学と述語論理学にとどめ置くことにする。命題論理学について、多少違和感を含むかもしれないが、これについては3－3節で述べたい。簡潔に結論を述べれば、命題論理学も述語論理学も、決められた領域あるいは体系の中で矛盾がないように定められているものである。つまり、この場合、「論理的」とは「無矛盾的」というように置き換えることもできる。その意味で、これらの論理学に従っていれば、「無矛盾」という意味での論理性は保証してくれるのである。

3－2　論理学は「合理性」を保証するか？

しかし、実は、命題論理学も、述語論理学も、ある前提からどのような結論を導くべきかという指針は示してくれない。すでに前節で述べた、「もしpならば、qである」かつ「pである」という二つの前提から、「qである」を導く肯定式について考えてみよう。残念ながら、命題論理学は、帰結が前提に対して矛盾がないかどうかをチェックするのみで、どのような帰結を導くべきかという指針はない。「pである」（前提の反復）を導いても良いし、「もしqではないならば、pではない」（対偶）を導いても矛盾はない。

何を導くべきかの指針がないというこの論理学の特徴は、論理学の成果をコンピュータに実装して証明を行なうプログラムを作成したいというコンピュータ科学者には頭痛の種であった。この問題に対して、ロビンソン（Robinson, 1965）は、導出原理（resolution principle）と呼ばれるものを提案した。導出とは二つの節から新しい節を導き出す操作で、一方の節に含まれるリテラルlと、他方の節に含まれる否定リテラル￢lを削除し、その他のリテラルの論理和をとることで、新しい節を得ることを言う。ここで、リテラルとは、命題記号またはその否定のことである。

導出原理を命題論理学に適用すると、節は個々の命題に相当し、リテラルは命題内のpやqなどの名辞に相当する。まず、「もしpならば、qである（p→q）」という条件命題は、論理的に同値である命題論理式である¬p∨qに置き換えられる（表3－1参照）。この式は、pが真でqが偽のときにのみ偽となるので、条件文と同値と言えるのである。したがって、「もしpならば、qである」かつ「pである」を表わす、（p→q）∧pは、（¬p∨q）∧pとなる。導出原理によって、¬pとpが削除されて、qが導かれる。この導出原理は、証明のためのコンピュータプログラムを大きく進歩させ、論理プログラミングの基礎となっている。

次に、やはり論理学では不十分な別の例を見てみよう。

A「xさんは、男性ですか、女性ですか？」
B「xさんは、男性または女性です」

この会話では、Bが述べていることは、全く矛盾を生じていないという点で、論理的に真である。しかし、xの性別を知りたいAの質問には全く答えていない。Bの回答が論理的であるにもかかわらずなぜ適切と言えないのかという問題について、もう一つの会話例をあげてみよう。

C「あるライオンはネコ科だ」
D「ライオンはすべてネコ科なんじゃない？」

確かに、すべてのライオンはネコ科である。しかし、Cが述べるように、「あるライオンはネコ科である」というメッセージには、「ネコ科であるライオンが存在さえすればよい」という述語論理学の定義上、「すべてのライオンはネコ科である」という可能性をちゃんと含んでいる。したがって、「すべてのライオンはネコ科である」が事実であるとき、「あるライオンはネコ科である」と述べても論理学的には真である。しかし、上記のDの不満は、多くの人にとって自然なものであると感じられるだろう

以上のBとCの発言の、この状況での不適切性は、いずれも情報量の不足に関係している。命題論理学と述語論理学は、真か偽かという二つの値しかとらないが、情報量は、量の単位で、「あるメッセージの解釈の可能性を限定的にできるほど、そのメッセージの情報量は多い」と定義される。つまり、「xさんは、男性である」よりは、「xさんは、50代の男性である」のほうが情報量が多くなり、一方、「xさんは、男性または女性である」は、情報量が少なくなる（性別については、情報はゼロである）。一般に、「かつ」で繋げていけば情報量は増加し、逆に、「または」で繋げていけば情報量は減少する。Bの回答の不適切性は、性別についての情報を得たいAに対して、全く何も情報を提供していないという点にある。

また、Cの不適切性は、述語論理学における全称と特称の情報量の違いに根ざしている。定義上、「すべてのAはBである」という全称命題は、AがBと同一の集合、またはAがBの部分集合である状況のみを示している。しかし、「あるAはBである」という特称命題は、BであるAが存在すれば

よいわけなので、Aの一部がBである状況以外に、全称命題で述べられた状況である可能性も含んでいる。つまり、全称命題に比べて状況を限定しにくいので、情報量が少ないわけである。それでは、上の会話のように、すべてのライオンがネコ科であるという事実を知っていて、なぜ論理的には正しいにもかかわらず、「あるライオンはネコ科である」と言うことは不適切なのだろうか。

この問題に初めて明快な回答を与えたのが、言語学者のグライス（Grice, 1975）である。彼は、会話において、暗黙のうちに自分も守り、相手も守っていると期待する原則を4種あげ、それを「会話の公準」と呼んだ。それらは、次のとおりである。

（1）質の原則 ―― 真実を述べる
（2）量の原則 ―― 必要なだけの情報を述べる
（3）関連性の原則 ―― 関連があることを述べる
（4）様態の原則 ―― 明晰な表現で述べる

つまり、私たちは、会話の相手に、悪意がない限り、嘘は言わず、知っているだけの情報を教えてくれ、関連していることを自分が理解できるように話してくれると期待している。したがって、もしこれらの原則に違反があれば、たとえば、相手の言ったことが真実ではないとすれば、相手は真実を知らなかったのか、または悪意の嘘をついていると推定する。また、上記の性別とライオンの例については、（2）の量の原則が相当する。xの性別を知りたいAは、おそらくその情報を知っているBが、量の原則にしたがって、それを提供してくれることを期待している。Bがxが男性か女性かを知っていれば、その期待に応えるようにしなければならない。したがって、「xさんは、男性または女性です」が論理的に真であったとしても、量の原則に違反していることになる。

また、すべてのライオンがネコ科であることが真実ならば、「あるライオンはネコ科である」も「すべてのライオンはネコ科である」も、どちらも述語論理学に照らせば真である。しかし、前者の特称命題では、ネコ科ではないライオンが存在する可能性が残されているので情報量が少なく、この量の原則に違反するのである。すべてのライオンがネコ科ならば、全称を用いるのが適切なのである。ずっと以前に、私（山・梅本 1988）は、この点を検討した。たとえば、公園で遊んでいるのが全員男の子であるという状況で、「子どもたちのうちの何人かは男である」というメッセージに対してどのように感ずるかを、小学6年生に判断してもらったのである。その結果、「全員が男の子である可能性がある」という判断は非常に少なく、「全員が男の子だったら、全員が男である」と言うべきだという判断や、「この話し手は、男の子がいる（存在情報）ということを伝えたかったのだ」という判断が多かった。つまり、多くの小学生は、まずこのメッセージを量の原則に従って判断し、量の原則に反していることは不適切であると考え、そして、量の原則に従っていないならば、話し手の意図は男の子がいるという存在情報を伝えることにあったのだということまで推測したのである。この量の原則は、小学生でも直観的に理解しているということができるだろう。

この4分類は（3）の関連性の原則ですべて説明できるとしてグライスを批判したのが、スペルベとウィルソン（Sperber & Wilson, 1995）である。次の例はどうだろうか。

E（咳をしながら）「のどが痛いです」
F「のど飴を持っています」

私たちは、この2人の会話を聞いたとき、EはFに何か助けを求めているし、Fは持っているのど飴をEにあげようとしていると解釈するだろう。しかし字句で述べられているだけなら、Eはのどの痛みを軽減することをFに依頼しているわけでないし、FはEにのど飴をあげようと言っているわけでもない。EとFの会話からの私たちの解釈は、論理学で扱えるものではなく、やはり別の原理が必要である。スペルベとウィルソンによれば、それは関連性の原理なのである。Eの発言は、単に自分ののどの状態を記述しただけだが、この発言がこの状況に関連性を持つとすれば、Eが自分の状態をFに伝達したいという意図があるということになる。Fや私たちは、Eの発話には関連性があると想定しているので、このEの発言が何らかの要求であると解釈することが可能なのである。Eの発言は、直接に自分の要求を伝えているわけではないので、間接要求とも呼ばれている。一般に、関節要求は、「のどの痛みを緩和するものを下さい」という直接要求と比較して、丁寧である。その理由は、聞き手に対する強制力が弱いからである。また、Fの発言は、Eの意図に関連したものであると想定すれば、こののど飴はEに提供するものであると解釈できるのである。

彼らによれば、人間の認知は、関連性が最大になるように行なわれている。そして、意図的な情報伝達とは、それが最適な関連性を持つということを伝達するものなのである。関連性は、

(1) ある文脈下において情報を処理した結果、その認知的効果 (cognitive effect) が大きければ、その情報の文脈との関連性は増大する。

(2) ある情報を処理するのに要する処理努力 (processing effort) が大きければ、その情報の関連性は減少する。

という二つの変数の影響下にある。認知的効果は、新しい事実についての知識を獲得し、誤った事実についての知識を放棄できると大きくなる。相手が関連性の原則を守って話していると仮定すれば、Eの「のどが痛い」というメッセージについて、Fは自分にとって大きな認知的効果があるはずであると推論する。この場合のFにとっての認知的効果は、Eはのどが痛いという事実の認識であり、さらに、EがそれをFに知って欲しいという事実の認識である。EがなぜそれをFに知って欲しいのかという理由を考えれば、Fは、Eが「のどの痛みを解決する方法をFに求めている」という意図として解釈するわけである。これらの解釈は、命題論理学や述語論理学で説明できるものではない。

3－3　論理学は「直観的正しさ」を保証するか？

次の疑問は、命題論理学や述語論理学が、はたして規範理論たりうるのだろうかというものである。確かに、現代論理学は、少なくともその一定の体系の中では無矛盾を追求している。しかし、そのために、実際の私たちの、直観的に妥当とされる推論と食い違うことが生じている。2章では、人間の推論は規範理論としての論理学に従っていないことがあることを指摘した。しかし、ここで、論理学は規範理論たりうるのかという疑問に立ち返りたい。

この節では、命題論理学が持つ不自然さを問題にしてみたい。この章の1節でも指摘したが、「もしpならば、qである」という条件命題が、表3－1に示されるように、pが偽の場合、すべて真になるという取り決めの不自然さである。この不自然さは、条件命題の確率を扱ったときに明白になる。

この点の実証は、条件文が真である確率を問うような課題、つまり条件確率推論の研究として、すでに多く行なわれている。たとえば、エヴァンズほか（Evans et al., 2003）は、円またはダイヤが描かれている、黄色または赤色のカードが、それぞれ以下の枚数、計37枚あることを人々に想定してもらう。

黄色の円：1枚

黄色のダイヤ：4枚
赤色の円：16枚
赤色のダイヤ：16枚

そこから任意の1枚を引いたとき、「もしカードが黄色ならば、そのカードには円が描かれている」という条件文が正しい確率を推定させた。あなたは、この確率がどの程度であると推測するだろうか。表3-1に示される命題論理学の実質含意の取り決めに従えば、条件文を真とするカードは、黄色の円（pかつq）、赤色の円（¬pかつq）、赤色のダイヤ（¬pかつ¬q）であるので、（1＋16＋16）を37で割って、つまり約89％になる。しかし、あなたは黄色のカードのみに注目して、1／5と考えなかっただろうか。実際、エヴァンズらの研究においても、多くの人々が1／5という解答が適切だと判断しているのである。2章において、私たちが論理的な課題において容易に間違いを犯してしまう例を見てきたが、ここでも1／5という解答は、規範的に間違っているのだろうか。

エヴァンズとオーヴァー（Evans & Over, 2004）は、条件文には、「もし」によって何らかの仮想状況に注意を向けさせる機能があることに注目し、とくに条件文の確率を推論する過程は、ラムジー・テスト（Ramsey test）と呼ばれる方法に相当していると主張している。ラムジー・テストとは、信念にpを加え、その状態でqが生起することに対する信念の強さを評価するというものである。つまり、エヴァンズらの実験参加者やあなたが行なったのと同じように、「もしカードが黄色ならば」と言われたときに、カードが黄色である状況のみを仮想し、その仮想された世界の中で、それが円である確率を求めるということを規範としようということである。また、ポリッツェほか（Politzer et al., 2010）は、賭けを導入した場合に、さらにこの傾向が強まることを示した。つまり、「もしpならば、qである」が正しいことに賭けが行なわれるとして、賭けに勝つ確率を問われるという課題が用いられたのである。上の例ならば、「『もしカードが黄色ならば、そのカードには円が描かれている』に1ユーロ賭けよう」という状況を想定して欲しい。多くの実験参加者は、この課題では、pが真である場合のqが真である確率を賭けに勝つ確率と考えていた。pが正しい場合のみが考慮されて計算されるので、このように解釈すれば、勝率が5分の1のこの賭けは極めて不利である

従来、推論においては、どんな答えが正しいのかについて、命題論理学や述語論理学などの、真と偽という2値の論理学を規範としてきた。このことは、前提が確実に正しいとして、そこから結論が導かれることが想定されていることを意味する。しかし、現実には前提が100％確実であることはほとんどなく、むしろ不確実であると言える。とくに、条件文という前提は、pとqとの因果関係を表わすような場合、たとえば、「もしブレーキを踏むならば、車は止まる」のような場合は、前件が満たされても後件に記されていることが生起するとは限らないのである。この例では、ブレーキが故障していたり、道路が凍っていたりすると、車が止まらない可能性がある。オーヴァー（Over, 2009）は、上記のような例を示してその限界を説き、条件推論であっても、不確実性を扱うことができる確率論を含めて規範とすべきではないかと提案した。このような潮流を「新パラダイム（new paradigm)」と呼んでいる。このパラダイムによって、演繹推論研究を、帰納推論や確率推論、意思決定などと結びつけることが可能になった。これらは、みな確率的な推論なのである。ラムジー・テストの導入は、ド・フィネッティ（de Finetti）の3値理論と結びつけられた。表3－1の右側の欄に、ド・フィネッティの真理値表を記しているが、彼は、前件のpが偽である場合を、空（void）と呼んでいる。つまり、確率を考える場合に、状況として考慮しないことを示している。

3－4　この章の結論 ── 論理的とはどういう意味か

この章では、命題論理学と述語論理学について述べて、それらが合理性という点で不足している点を指摘し、それと同時に、ド・フィネッティのような代替論理学の可能性もあるということを示唆した。一言で言えば、論理学が志向するのは、特定の体系の中で無矛盾であることであり、体系が異なれば、現実と一致しない可能性も生じてくるわけである。

さて、次に、この章でまだ触れていなかった、1章で登場した男について考えてみよう。実は、この男が述べた「だから日本人は論理的ではない」という発言は、正確には、論理というよりは合理性について述べているものである。合理性について議論することはとても私の手に負えないが、いくつかの点を指摘してみたい。

この男が言及した企業の合理性は、企業の意思決定にかかわることである。意思決定領域では、合理性の規範として最もよく取り上げられるのは、主観的期待効用（subjective expected utility）最大化原理である。効用とは、ベルヌーイ（Bernoulli, D.）が「人間の満足は、富と一致しない」ということに気がついて提唱した概念で、現在では、ある手段の選択が、設定された目標に到達できていればいるほど、その選択の効用は大きいとされている。「お金をあまり使わず、栄養と味で満足できる昼食を食べる」という目標があれば、安く、美味しいと感じ、栄養のバランスがとれている昼食の効用が高くなる。現在よく使用されるフレーズを用いれば、「コスト・パフォーマンス」が高い選択肢の効用が高いということになる。主観的期待効用とは、それに確率が導入されたもので、ある選択の結果、AまたはBが生ずるとすれば、この選択の主観的期待効用は、それぞれの結果が持つ効用であるU_AとU_Bに、各々の結果の主観的生起確率である prob(A) と prob(B)（なお、prob(A) と prob(B) の和は100％である）が掛け合わされた総和で表現される。つまり、

$$主観的期待効用 = prob(A) \times U_A + prob(B) \times U_B$$

となる。たとえば、自動車である街に向かおうとする場合、xというルートは、20％の確率で渋滞に巻き込まれるとしよう。渋滞がなければ効用は高い（仮に、90としよう）が、渋滞があると効用は低い（仮に、15としよう）。そうすると、

主観的期待効用 ＝ .80 × 90 ＋ .20 × 15

と計算できる。

しかし、主観的期待効用最大化原理を、意思決定の規範とするには大きな問題がある。それは、効用にしても確率にしても、主観的という点である。ある企業に二つの戦略候補があり、その戦略が成功する確率と、戦略が成功したときにどのような収益が見込めるのか、成功しなかったときにどの程度の損失があるのか、実際には過去のデータからいろいろとシミュレーションをするのであろうが、本質は主観なのである。その意味で、1章で不満を述べた男は、自分の経験からは、「日本人は非論理的である」とも、「日本人は非合理的である」とも、実はどちらも言えないのである。

論理学の基礎は真か偽かの2値であるが、現実の世界はほとんどの事象が不確実ということから、規範として確率論を導入すべきであると主張しているのが、前節で述べた新パラダイム派である。これとは別に、真と偽の2値での限界に気がついていたのが弁証法である。弁証法は、4章と5章で取り上げるが、ここでも簡単に触れたい。もともと、弁証法は2値論理より歴史が古く、論理学の祖とされるアリストテレスの師であるプラトンによって提唱されている。彼は、対話による真理追究、つまり対立する意見から何かを見出そうとする弁証法を、哲学の唯一の方法と考えていたのである。よく似た考え方に背理法があるが、これは基本的に2値論理に基づいており、前提から矛盾が導かれればその前提を否定するのだが、弁証法では、対立する主張、つまり矛盾から何か新しいものを生み出そうとする。ヘーゲル（Hegel, G. W. F.）はとくにこれを重視し、ある命題（テーゼ）と、それと矛盾する命題（アンチテーゼ）から、どちらか一方を棄却するのではなく、そこから両者を本質的に統合した命題（ジンテーゼ）を導くということが弁証法の本質であるとした。また、この統合過程は止揚（アウフヘーベン）と呼ばれている。2値論理が真か偽かという事実、あるいは静的な世界についての記述を試みているのに対し、彼の弁証法は、動的な変化する世界の記述、あるいは人間の認識の深化を志向しているようである。

たとえば、次の二つの命題を考えてみよう。

「夫Aは彼の妻Bを愛する」
「夫Aは彼の妻Bを殺す」

もし、「もしxがyを愛しているならば、xはyが嫌うことはしない」、「人間は殺されることを嫌う」、「yは人間である」という命題がすべて真であれば、上の二つの命題には明らかに矛盾が生じている。しかし、もし彼の妻Bが死の間際にあり、耐えられないような苦しみを経験していて、夫Aが安楽死を願って妻Bを殺したのだとすれば、この矛盾は解決できる。この場合、「愛する」の下位動作項目である「楽な状態にする」に「殺す（安楽死させる）」という項目を追加すれば解決できるわけで、「愛する」に対する認識の深化であると言える。

このような弁証法は、真と偽のみを扱う2値論理学からすれば「論理的」ではないが、より高度な思考技術である可能性がある。簡単に言えば、これは、2値の論理学を超えた柔軟な思考を可能にしてくれ、たとえば「日本の農業政策はどのようにすべきか」のような複雑な要因が関係する問題には、さまざまな対立する意見を調整して、対立を超えるような解決をもたらしてくれるポテンシャルを持っている。この点については、5章でもう少し議論してみよう。

4章　東洋人の弁証法

4－1　西洋的な教育を受けていない人々の思考についての研究

この章より、いよいよ本題に入りたい。2章で述べたように、多くの認知心理学の研究では、人間の論理的誤りの傾向は、普遍的に人類に共通するものであると考えられていた。ただし、それらの研究の対象となった人々の多くは、心理学の先進地である西洋の人なのである。西洋人に適した研究手法が東洋人に適しているという保証はないし、また、西洋人を基準とする文化普遍性も証明されているわけではない。

文化相対主義の影響を受けた西洋の研究者は、この普遍性に疑問を抱いて、比較文化研究を行なうようになった。論理的思考についての初期の比較文化的な研究のほとんどは、産業社会における教育を受けた人々と比較して、そのような教育を受けていない部族社会の人々の思考の論理的欠陥にかかわるものだった。この19世紀の亡霊に立ち向かったのが、コールとスクリブナー（Cole & Scribner, 1974）である。彼らの研究は、西アフリカのリベリアにおける、西洋式の教育を受けていないヴァイ族とクペレ族の人々に対して行なわれたものである。彼らは、三段論法的な課題を解いてもらおうとしたが、以下がクペレ族の農民の実験参加者の記録の一部である（Scribner, 1977）。

質問者　「もしスーモまたはサキがシュロ酒を飲むならば、村長は不快になります。スーモはシュロ酒を飲んでいません。サキはシュロ酒を飲んでいます。村長は不快になりますか。」
実験参加者　「人々は誰もその2人によって不快にはならない。」
質問者　「（問題を繰り返す）」
実験参加者　「村長は、その日は不快ではなかった。」

この記録は、彼らが極めて非論理的で、論理的思考力が低いことを表わしているように見えないだろうか。つまり、「もしpならば、qである」と「pである」という前提から、「qである」を導いていないのである。この結果を見せられると、アフリカの人々が劣等民族であるとする19世紀の亡霊が再び甦ってしまうかもしれない。しかし、コールたちは、文化相対主義にのっとって、全く別の解釈を行なっている。この農民は、西洋で実施される標準的な推論実験でほぼ普遍的に行なわれる推論を拒否しただけであって、彼らの基準に従えば、実は決して非合理的ではないのである。彼らの文化では、実際には人々を不快にさせないスーモやサキが村長を不快にさせることを想定するような、事実に即していない推論は役に立たないのである。

同じような研究が、ロシア（研究当時はソビエト連邦）において、ルリア（Luria, 1971）によっても行なわれている。彼がウズベキスタン（やはり当時はソビエト連邦）で行なった調査では、西洋の教育を受けた国営農場に属する住民は西洋人と同じような形式的な推論を好んだが、このような教育を受けていない人々は、上記のクペレ族の農民と同じような推論を行なった。

コールやスクリブナー、ルリアたちは、しかしこの結果から、西洋式の教育を受けていないクペレの農民やウズベキスタンの農民たちが、劣った推論を行なっているとは考えなかった。クペレの例は、人々に嫌われてもいないスーモやサキが村長を不快にするという仮定自体が非合理的で、非合理的な仮定からの推論は役に立たないとする文化の産物である。実用的ではないならば論理学に従う必要もないという文化の人々にとっては、十分に合理的な反応なのである。そして、ルリアが、西洋の教育を受けた国営農場に属する住民ならば、命題論理学に従った推論ができることを示したように、仮定からの推論も、教育の影響が非常に大きいのである。

最近の研究では、このような違いは、その文化においてどのような知識が適応的なのかという視点から説明されている。たとえば、アトランとメディン（Atran & Medin, 2008）は、彼らの著書の中でいくつかの研究成果を紹介している。代表的なものに、前提多様性の効果を扱ったものがある。この効果は次のような帰納推論において観察されている。

ワシには尺骨動脈がある。
タカには尺骨動脈がある。
したがって、ツバメには尺骨動脈がある。

この課題で、尺骨動脈とは何なのかという知識はあまり関係なく（実は、人間の肘から手にかけて伸びる動脈である）、知っている人はほとんどいないだろう。むしろ、多くの人にとって知られていない材料のほうがこの現象を観察するのに都合がよいのである。では次のような例はどうだろうか。

ワシには尺骨動脈がある。
アヒルには尺骨動脈がある。
したがって、ツバメには尺骨動脈がある。

おそらく多くの人は、こちらの帰納のほうがより強く結論を導くことができると判断するだろう。この理由は、先の帰納の事例のワシとタカでは、尺骨動脈があるのはせいぜい猛禽類ではないかという推論が働くのに対し、後の帰納では、ワシとアヒルにあるならば鳥類全体である確率が高くなると推定するわけである。つまり、ワシとアヒルは、ワシとタカよりも鳥類における多様性を表現しているといえ、これが前提多様性の効果である。この効果は、米国における普通の大学生においては見られたが、鳥類学者では小さくなる。その理由は、尺骨動脈についての知識によるものというよりも、鳥類学者は、個別の事例よりも、鳥類というカテゴリーで推論する傾向が強いためであると推定される。実は、同じ傾向、つまり前提多様性効果の減少は、西洋式の公教育を受けていないマヤ先住民においても見られるのである。

これらの文化差を説明するのに、公教育を受けていないマヤ先住民が劣った推論を行なうという解釈は全く入る余地がないということがわかるだろう。文化は、そこでどのようなことに価値を求めるかに大きく影響を及ぼす。米国の鳥類学者とマヤ先住民にとって、鳥類というカテゴリーは、研究する上においても、生活する上においても、とても大きな意味を持つということであろう。

4-2 西洋人の規則基盤的思考と東洋人の弁証法的思考

いよいよ本書のテーマである、日本人が論理的なのかどうかという問題を扱おう。この問題について、過去20年ほどの間に多くの実証的なデータが集められており、学術論文として発表されている。ただし、ほとんどの研究は、日本人を含めた東洋人と西洋人の対比であり、日本人に独自の特徴があるとしているわけではない。

概して言われていることは、東洋人の思考は西洋人に比して規則を好まないということである。二スベット（Nisbett, 2003）や加藤（2003）によって紹介されている例に、日豪砂糖契約事例がある。1974年に日本とオーストラリアの間で、「トンあたり228・8ポンドの価格で、1年あたり60万トンを5年間」という原糖の長期輸入契約が締結された。ところが、この契約が締結された後に、原糖の市場価格が160ポンドに暴落したのである。日本側は、状況が変化したのだからこの契約を見直すべきであると再交渉を主張した。しかし、オーストラリア側は、すでに契約の合意がなされている以上、いくら状況が変化しても変更することはできないと拒否したのである。この契約という規則は、日本側は状況に応じて変えることができるものだと考えており、一方オーストラリア側には規則である以上変えることができないという認識があったのである。

東洋人が西洋人と比較して規則に依存しないという傾向は、心理学の実験・調査によっても示されている。代表的かつパイオニア的な比較文化研究に、ノレンザヤンほか（Norenzayan et al., 2002）のものがある。彼らは、米国人とアジア人の大学生に図4-1のような図形を見せた。ターゲットの刺激が、グループ1とグループ2のうちのどちらに属するのが適切かを質問した場合には、どちらの学生もグループ2と答えたが、どちらに似ているかと質問されると、アジア人の大学生は、多くがグループ1と答えた。グループ2を選択した基準は、「毛が三本」という共通特徴についての規則であるが、グループ1の場合は、家族的類似（family resemblance）という基準になる。家族的類似とは、実際の家族のように、全員に共通の特徴があるわけではなく、たとえば父と息子は目が似ている、母と娘は口元が似ているなどの部分的な共通点によって、グループが構成されているとする見方である。

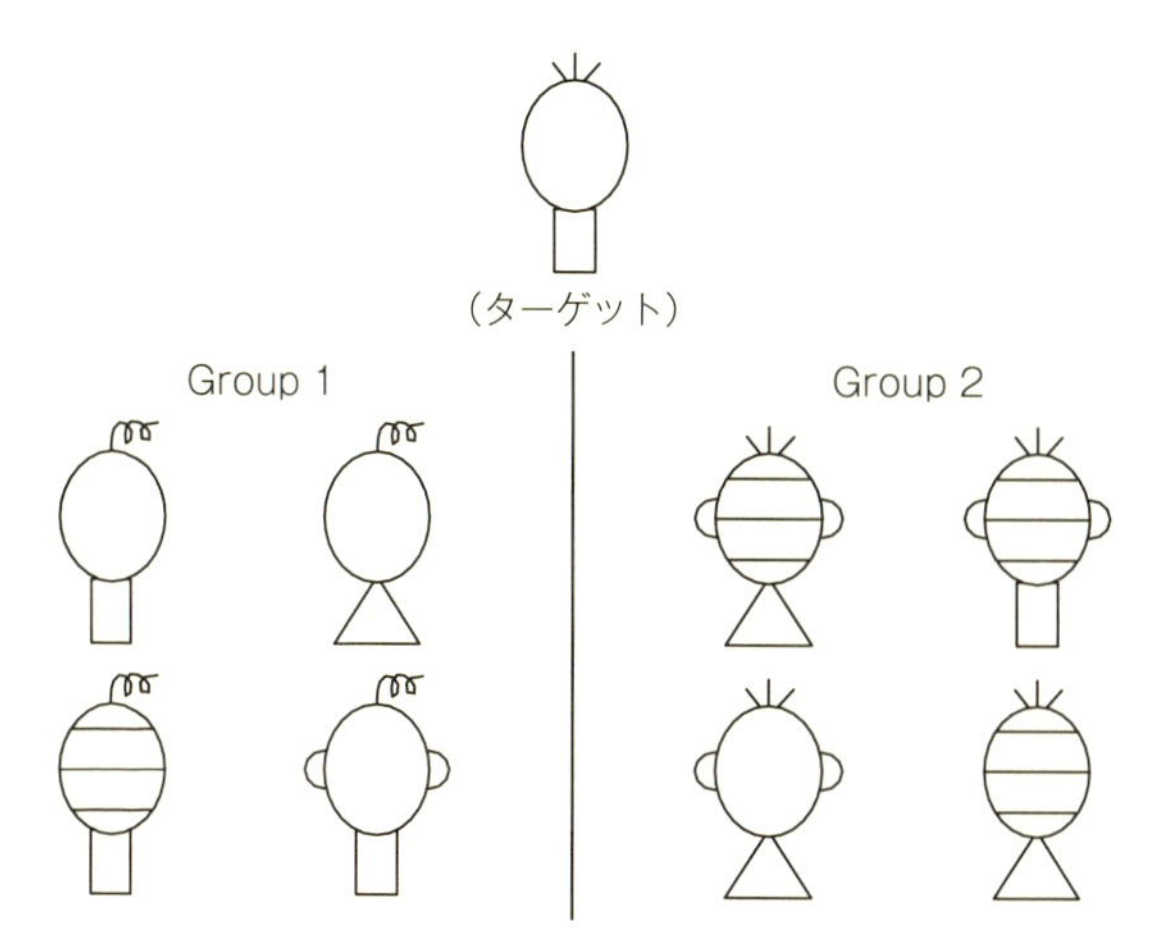

図4－1　ノレンザヤンほかの研究で使用された刺激図形

ターゲットは、グループ1とは家族類似を基礎としてまとまり、グループ2とは、「毛が3本」という共通特徴によってまとまる。

（出所）Norenzayan, Smith, Kim, and Nisbett (2002) *Cognitive Science*, Wiley.

図4－1では、ターゲットがグループ1に入ると、5名のメンバー中4名までが、「顔が白い」や「首が四角」という部分的共通点を持つというグループになる。アジア人は、分類を質問されると規則を使用するが、類似性を質問されると使用しないのである。どちらの質問でも規則を使用する米国人と対照的である。さらに彼らは別の実験で、「すべての鳥類には尺骨動脈がある」という前提から「ペンギンには尺骨動脈がある」という結論を導くかどうかを質問した。その結果、韓国人大学生は、米国人大学生よりも、導くべきではないと判断する人が多かった。演繹的には、すべての鳥類の特徴はペンギンにも当てはまる。しかし、ペンギンは典型的な鳥ではなく、この非典型性を韓国人大学生はより考慮したのである。

東洋人が規則を好まないことは、私たち（Yama et al., 2010）の後知恵バイアス（hindsight bias）の比較文化研究においても確認されている。後知恵バイアスとは、結果が判明した後に、実際以上にその結果が予測できていたはずだと考える傾向であり、チェとニスベット（Choi & Nisbett, 2000）が、このバイアスは韓国人が米国人よりも強いとすでに報告していた。用いられた材料は、敬虔な神学生が説教の授業に行く途中に倒れている人を見つけたとして、彼がその人を助ける確率を問うものである。このシナリオでは、助ける確率は概して高いと判断されやすい。しかし、「助けなかった」という結果を知らせた上で、「この結果を知らないと仮定して予測する」ように求められると、韓国人は助ける確率を低く見積もるが、米国人は結果を知った影響を受けにくかったのである。つまり、結果を知ったときに、それを予測できると考える傾向は、韓国人で強かったのである。私たちは、日本人、韓国人、フランス人、英国人からデータを集め、やはり日本人や韓国人が、フランス人や英国人と比較して後知恵バイアスが大きいことを確認した。そして、その理由として、フランス人や英国人が「もし敬虔な神学生ならば、人を助ける」という常識を規則として使用しているためであると推定した。

日本人を含めて東洋人が規則に基づく程度が小さいという傾向は、東洋人の弁証法的思考傾向としてまとめられている。弁証法については、3章で、ヘーゲル（Hegel, G. W. F.）の弁証法について説明したが、二つの矛盾する命題から、新しい命題を導くものである。この東洋人の傾向を最初に示したのが、ペンとニスベット（Peng & Nisbett, 1999）による、米国人と中国人を比較したいくつかの心理学実験である。最もよく知られている例は、矛盾が含まれた諺と含まれていない諺の評価を行なわせたものである。たとえば、「過度の卑下は半分自慢」は矛盾を含む典型例であり、「『たとえば』は証明ではない」には矛盾は含まれていない。その結果、中国人大学生は米国人大学生に比べて、矛盾が含まれた諺でも理解を示し、またそのような諺を好むことが示されたのである。この結果は、中国人は米国人に比べて、矛盾が気にならず、かつこれを受容しやすいということを示している。また、彼らは別の実験で、

A「ある社会心理学者が青少年を研究し、自分の家族に親密感をいだく人は社会的関係により満足していると主張した」

B「ある発達心理学者が思春期の子どもを研究し、両親に依存せず家族との結びつきも弱い子どもはより成熟していると主張した」

の例に見られるような、いくつかの対立意見のペアを作成し、それぞれの意見に対してどの程度賛成するか質問した。AとBは対立しているので、Aに賛成ならBには反対という結果になるはずである。ところが中国人は、ペアの両方が見せられたときは、それぞれのペアのうちの一方だけが見せられたときに比較して、たとえばAにもBにも中程度賛成する傾向になるというように、賛成の度合いの差が小さくなった。しかし、このAとBを同時に見せたときに変化するという特徴は、米国人では観察

されなかった。この結果は、中国人は米国人と比較して、矛盾する主張に出くわしたら、その中庸を行く判断を行なう傾向が強いということを示している。

ペンとニスベットは、この実験結果から、東洋人の弁証法は、非論理的で劣った推論スタイルでも、ヘーゲルが想定するような高度な弁証法でもないとして、それを素朴弁証法（naïve dialectics）と名づけた。これには、以下の三つの原則が含まれている。

（1）矛盾の原則（the principle of contradiction）
物事が互いに結びつき、世界は常に変化するので、パラドクスや矛盾は絶えず生じている。対立する命題があっても、対立は単なる見かけ上のことで、両方とも真であるかもしれない。あるいは、人間は、真実は常にどこか両極の中間にあると信じているかもしれない。したがって、二つの互いに対立する意見があったとき、中庸をとるのである。

（2）変化の原則（the principle of change）
世界は流動的であり、絶えず変化している。したがって、それを表現する諸概念も流動的である。見かけ上の安定は、むしろ変化の兆しである。

（3）全体論の原則（the principle of holism）
個々に存在するものは何もなく、すべては互いに結びついている。

東洋人は、このような素朴弁証法に基づいた世界観を持っており、これが「素朴」と呼ばれる理由の一つは、対立の中から選択される「中庸」は、ヘーゲルが述べるような高度な統合命題とは言えないという点である。ペンとニスベットの主張は、その後の、質問紙等を用いた研究で裏付けされている。質問紙は、心理学でよく使用されるもので、いくつかの質問項目に対して、賛成あるいは一致の度合いを回答するという形式であり、アンケートや性格テストなどによく用いられている。スペンサー＝ロジャーズほか（Spencer-Rodgers et al., 2009）は、彼女ら自身が作成した、弁証法的自己尺度（dialectical self scale）と呼ばれる質問紙を用いて、東洋人は西洋人に比較して自分自身に対して弁証法的なスタンスをとっていることを示した。この質問紙には、「相反する二つの意見を聞くと、たいてい両方の意見に納得します」や「私は常に変化しているので、以前の私と今の私は違います」などの32項目の質問が含まれている。この例で、前者は対立する意見に出くわしたときの矛盾への弁証法的な態度を、後者は変化についての自己観を問うものである。この質問紙でわかったことは、東洋人が西洋人と比較して弁証法的であるということだけではなく、世界は変化しやすいと認識している人ほど弁証法的に判断しやすいということであった。

また、彼女ら（Spencer-Rodgers et al., 2004）は、自己評価について東洋人と西洋人を比較したところ、東洋人（中国人）は、自己評価が肯定的でありかつ否定的である傾向が強かった。つまり、たとえば、有能な人間であると同時に無能な人間であるという評価傾向が強かったのである。自己評価については、中庸をとるというよりは、矛盾があってもそのまま受け入れるという弁証法的な態度であると言える。この態度は、自分自身を含めた人間は、良いときもあれば悪いときもあるという信条の結果であろう。

このような傾向はすでに、自己や感情の比較文化研究でも報告されており、たとえば、バゴッツィほか（Bagozzi et al., 1999）は、米国人、中国人、韓国人に、「楽しい」や「幸福な」などの肯定的な感情や「悲しい」や「怖い」などの否定的な感情が、「今現在」や「これまで」などの状況で、どの程度強いかを質問した。そして、中国人や韓国人のほうが、米国人と比較して否定的感情と肯定的感情が同時に生起しやすいということを示した。東洋人において、相反する感情が実際に同時に生起しやすいのか、生起していることが気づかれやすいのかは明確ではないが、弁証法的な傾向を示す証拠と言えるだろう。また、宮本ほか（Miyamoto et al., 2010）は、そのような肯定否定両面を備えた感情が、どのような状況で出現するのかという分析を行なった。その結果、日本人も米国人も、新生活へのスタート（不安と期待など）、他者との比較（良い点もあれば悪い点もある）といった状況をあげ、この点については、あまり文化差はなかった。しかし、ここで報告された状況を別の日本人・米国人に想像させると、快とされる状況では日本人も米国人も快感情を報告したが、日本人は快感情だけではなく、不安などの不快感情も報告したのである。嬉しさの絶頂時に、私たち日本人には、快感情だけではなく、この幸福がどこまで続くのだろうかという不安もよぎるが、これは、米国人にはあまり感じられないことなのだろう。

4−3　東洋人は、本当に弁証法的なのか

ペンとニスベットの研究は、この領域に非常に大きなインパクトを与えた。しかし、その後の研究は、とくに東洋人の中庸的選択については、これを支持していないものが多い。たとえば、メルシエほか（Mercier et al. 2015）は、ペンとニスベットが行なった対立する主張を用いた実験を、フランス人と中国人で実施したが、同じ結果を得ることができなかった。つまり、前節のAとBのような対立する主張が同時に与えられても、フランス人も中国人も、それによってそれぞれが単独で与えられた場合に比して、それぞれの意見にどの程度賛成するかという度合いは変化しなかったのである。つまり、両者とも、反応のパターンは、ペンとニスベットの実験結果における米国人のパターンに類似していたのである。したがって、ペンとニスベットが示した、中国人は対立する意見が同時に与えられると、どちらも中庸に近づくという結果は、頑健なものであるとは言いがたいようなのである。

また、私たちは、二つの対立する意見があったとき、自分自身はどのような判断を行なうのかという以下に紹介する一連の比較文化実験を行なったが、日本人が折衷的な判断または決定を行なう傾向がとくに強いという結果は得られなかった。ヴァン・デル・エンストほか（Van der Henst et al. 2006）は、たとえば、「A市に行くにはxを通れば早い」と思っているところに、ある人から「A市に行くにはyを通れば早い」というアドバイスをもらったと想定して、自分の意見を調整するかどう

かを調べた。日本人大学生とフランス人大学生で比較し、弁証法的とされる日本人はその人の意見を取り入れて判断すると予想されたが、両国の大学生とも、比較的自分の意見を守るという傾向が強く、日本人において、折衷的な中庸を行くという判断が見られるというわけではなかった。また、メルシエほか（Mercier et al., 2012）は、たとえばあまり詳しく知らない歴史上の出来事の年代について質問し、他者による推定の年を教えて、その影響を受けるかどうかをやはり日本人とフランス人で検討した。たとえば、「国際連合が創設されたのは何年か？」のような質問に回答してもらい、そして他者による推定年を教えるというような実験を想像して欲しい。実験前の仮説として、日本人のほうが他者からの影響を受けて折衷的な年代に修正すると予想されたが、結果として、やはり文化差はほとんど観察されなかった。以上の二つの実験の結果は、日本人もフランス人も、自分の意見を貫くという傾向が強かったことを示している。

また、中国人が矛盾する諺でも受け入れやすいとする結果に対しても、疑いが持たれている。フリードマンほか（Friedman et al., 2006）は、ペンとニスベットが実験で用いた諺を使用して、同じような調査を米国人と中国人で行なったが、米国人も、中国人と同じように矛盾する諺が好きであった。さらに、好きか嫌いかという質問に加えて、「詩的かどうか」という項目を加えて分析を行なったところ、とくに中国人は、矛盾が含まれた諺に対して「詩的である」と判断し、そう判断することによってその諺が好きになっているということが判明した。この研究結果は、東洋人は西洋人と比較して矛盾を受け入れやすいという結果に疑義を投じるものであると同時に、「詩的である」という解釈に東洋と西洋の文化差がある可能性を指摘するものである。「詩的である」の文化差の解釈については、「何を美しいと感ずるのか」や「何をおもしろいと感ずるのか」などの広範な比較文化研究が必要であると同時に、文学や芸術等の比較研究の結果と照合していく必要があるだろう。このテーマは大きすぎて、とても扱えるものではないので、本書ではこれ以上は触れないことにする。

以上のような混乱を整理するために、私たち（Zhang et al, 2015）は、スペンサー＝ロジャーズが考案した弁証法的自己尺度質問紙と次のような材料を使用して、日本人、中国人、英国人の高校生と大学生に比較文化研究を行なった。私たちは、

Ａ「外国の文化を受け入れることは、グローバル化する世界に対応できる国になるために良いと思う。」
Ｂ「外国の文化を受け入れることは、古来の伝統文化や習慣・習俗が壊れるので、良くないと思う。」

の例に示されるような、10対の対立意見を考案した。どうやら、東洋人の思考が弁証法的だといっても、この文化差はかなり微妙なようである。そこで私たちは、三つの工夫を行なった。実は、ペンとニスベットの実験のAとBを見直してもらえればわかることだが、実は、彼らの実験で用いられた材料では、AとBは実際に矛盾しているわけではない。Aが述べるように自分の家族に親密感をいだいて社会的関係により満足している人が、Bの主張通り成熟していなくても、奇妙ではないのである。したがって、彼らの対材料は、矛盾というより、家族との結びつきに肯定的な面と否定的な面がある

ということなのである。そこで第一の点は、実際に矛盾する主張の許容度の検討である。第二の点は、AとBを同時に見せるのではなく、最初にAの意見10項目それぞれにどの程度賛成するかを質問し、次に、スペンサー＝ロジャーズが考案した弁証法的自己尺度質問紙に回答し、最後に、Bの10項目それぞれにどの程度賛成するかを質問するという形式である。つまり、この方法では、質問紙に答えている間に、Aにどの程度賛成だったかの記憶が明確ではなくなってくる。したがって、Bへの回答を行なうさいに、「Aにかなり賛成だったので、Bにはかなり反対しよう」という意識的な方法が、使用しにくくなるのである。ペンとニスベットが行なっていた同時に見せるという方法では、この意識性が弁証法的思考を妨害している可能性もあり、私たちの研究では、その可能性が排除できるように工夫されているのである。また、第三の点は、弁証法的思考法に対する価値判断である。この価値判断は、部分的にスペンサー＝ロジャーズの弁証法的自己尺度質問紙にも含まれているが、私たちは、より直接的に、AとBの各対を並べて提示して、それぞれ一方が正しければ他方は間違っているという判断は賢明かどうかを質問した。賢明ではないと判断すれば、弁証法的価値観を持っているということになる。弁証法的な思考が賢明かどうかという比較文化研究はまだ行なわれてはいない。

これらの結果、まず、弁証法的自己尺度質問紙で測定できるような自己観あるいは世界観については、スペンサー＝ロジャーズらの研究結果とほぼ同じであった。つまり、日本人と中国人の得点は、英国人の得点よりは高く、弁証法的であることがわかった。ただし、この傾向は、日本人のほうが明らかに中国人よりも強く、この理由については、7章で再度触れたい。ところが、対立する意見の賛成の度合いからの弁証法的思考傾向は、逆の結果であり、日本人が最も弁証法的ではなかったのである。日本人は、AとBに同時に賛成したり反対したりする傾向が最も小さかったわけである。一方、弁証法的思考が賢明かどうかを判断させる価値観を問う質問では、逆に日本人が最も高かった。つまり、日本人は、対立する意見に出くわしたとき、一方が正しければ他方は間違いという態度はあまり賢明ではないと判断しながら、実際は、中国人や英国人と比較して、弁証法的には判断していなかったのである。

以上をまとめれば、日本人をはじめとする東洋人は、自己評価や自分の感情については、矛盾するような状態を容認する、あるいは矛盾に気がついていないという傾向が大きいかもしれない。そしてそれは、その矛盾から何かより統合された結論を導いているというわけではないという点で、素朴弁証法なのかもしれない。一方、では、実際に矛盾する意見や主張に直面したとき、西洋人と比較して、本当にその両方を容認する傾向が強いのかどうかは、大いに疑義がある。もちろん、私たちの結果だけでは、まだまだ明確ではないが、少なくとも、感情や自己評価などの側面よりは、はるかに弁証法傾向は弱いだろうということは言えると思える。また、私たちの実験結果からは、弁証法的思考の価値観については、日本人は中国人や英国人よりもそれを賢明と判断する傾向が強いことが示された。しかし、実は、中国人と英国人はほとんどその程度に差がなく、はたして、これを「東洋人の弁証法的思考傾向」と一括可能なのかどうかという疑問が残る。

5章　もし東洋人の弁証法的思考傾向が高いとすれば

5－1　西洋人の分析的認知と東洋人の全体的認知

4章において、東洋人が西洋人と比較して、思考に規則を使用する傾向が弱く、弁証法的に思考する傾向が高いのではないかという点を検討したが、これは、ニスベット（Nisbett, 2003; Nisbett et al., 2001）によれば、西洋人の分析的認知（analytic cognition）対 東洋人の全体的認知（holistic cognition）という対比の一側面であると位置づけられている。彼らの比較文化的主張については、すでに1章で紹介しているが、これまでの人間の認知についての比較文化研究、とくに、西洋人と東洋人の比較文化研究を網羅的に紹介し、そこから、西洋人の分析的認知（analytic cognition）、東洋人の全体的認知（holistic cognition）という分類を行なっている。彼らによれば、分析的とは、

（1）認識の対象を、その文脈から切り離す
（2）その対象が何であるか同定するために、対象の持つ特徴に注目する
（3）その同定およびその動きの予測・説明に、規則を用いることを好む

という特質をまとめたものである。一方、全体的とは、

（1）認識の方向は、対象のみならず、それを含む文脈全体である
（2）認識対象と、その文脈との関係性に注目する
（3）このような関係性に基づいてその物事を予測したり説明したりすることを好む

と包括される。

たとえば、リンゴが認識対象だとすれば、それが生っている木や葉っぱ、売られているスーパーの売り場や他の果物がリンゴの文脈に相当する。一般に、文脈は、その認識対象を探索する手がかりとして重要だが、いったんリンゴらしきものを認識すると、それが本物のリンゴかどうかを判定するために、それがリンゴの特徴である「赤い」、「球形である」、「表面がツルツルしている」などの特徴を持っているかどうかが検討され、持っているならばリンゴであると判断される。正確な判断には、文脈も文脈からの分離も重要なのだが、西洋人は文脈からの分離を重視し、東洋人は文脈との関係を重

視するというわけである。

この区分には、4種の下位次元がある。第一の次元は、知覚や記憶についてのもので、西洋人は対象だけに注意を向けるが、東洋人は対象だけではなくその文脈、つまり背景にも注意を向けることが増田とニスベット（Masuda & Nisbett, 2001）によって示されている。彼らの実験では、米国人と日本人の大学生がある映像のシーンを記憶するように求められた。たとえば、大きな目立つ魚が泳いでいるシーンでは、その魚だけを覚えなさいと指示されているわけではないが、米国人学生の中にはその魚について想起する人が多かった。一方、日本人学生は、目立つ魚だけではなく、それ以外の魚や、水の色、水草など、魚の背景、つまり目立つ魚を対象とするとその文脈にあたる刺激も記憶しやすいということがわかった。さらに、シーンの一部を切り取って、たとえばその目立つ魚の部分を切り取って、その魚がシーンの中で登場したものかどうかを思い出させる課題では、日本人大学生において、魚を実際の背景とともに見せたほうが、魚だけを見せた場合よりも記憶の成績が良くなることが確認された。この背景の効果は、米国人学生においては見られなかった。

この実験結果は、日本人と米国人だけの比較によるものだが、これ以外の研究成果からも、このような傾向の違いはほぼ東洋人と西洋人の違いであるとされている。では、この文化差は、日本人が非論理的であるという主張に結びつくのだろうか。確かに、文脈からの切り離しは、論理的であるための非常に重要な作業の一つである。そして、2章でも述べたが、文脈依存的な処理は、進化的に古いシステムによる処理であり、対象を文脈から切り離す処理は、進化的に新しいシステムが得意とする処理である。そうなると、日本人を含めた東洋人は進化的に古いシステムによる処理が優勢だという、思考が抽象的ではないとか非論理的だとかいう議論よりも、はるかに19世紀の亡霊を想起させるような結論が導かれてしまう。しかし、他方、特定の対象だけを見るのではなく、対象を含めた全体を見回すという認識のほうがより適応的で高次であるという見方をすることもできる。この点については、次節で改めて議論したい。

第二の次元は、因果推論における帰属のしかたである。因果推論とは、事象間において何が原因で何が結果なのかを推論することで、また因果帰属とは、ある現象の原因を何に求めるかという推定である。一般に、西洋人は、何かの原因を原理的な特徴に求め、東洋人は、状況的な要因に求めるということが確かめられている。たとえば、モリスとペン（Morris & Peng, 1994）は、群れで泳いでいる魚の動画を見せて、その中の先頭の魚がなぜそのように先頭を泳いでいるのかという質問を、米国人と中国人に対して行なった。その結果、米国人は、泳ぐ力の強さなどのその魚が持つ内的な何かという、より原理的な要因に原因を求め、一方、中国人は、群れに対する何か外的な力が関係しているのではないかという、状況的な要因に原因を求めた。さらに彼らは、１９９１年11月１日に米国のアイオワ大学で実際に起きた中国人留学生による銃の乱射事件を報道する新聞の内容の分析を行なった。その結果、中国の新聞では、指導教官との不和、中国人社会における孤立、英才教育の犠牲など、状況的な要因が重視されていたが、米国の新聞では、癇癪、危険な人物という性格的な問題や、陰鬱で精神的に不安定などの心理学的問題が注目されていた。これらの結果から、東洋人は、複雑な因果を想定し、行為者とそれを取り巻く状況との関係に注目しやすいが、一方、西洋人は、行為者の内的な性質を第一に考慮する傾向があると主張されている。

第三の次元は、本書の問題と最も関係するもので、すでに4章で紹介している規則の使用である。西洋人は、概して形式的な規則を好むが、東洋人はそうではなく、弁証法的な思考傾向がある。すでに、コールとスクリブナー（Cole & Scribner, 1974）が、クペレ族の人々は西洋人に比して形式的論理を好まないという似たような指摘を行なっているが、東洋人もこのような論理的な規則を好まないことが示されている。

第四の次元は、変化の認識にかかわるものである。4章において、東洋人の素朴弁証法は世界が変化しやすいという認識と関係していることを述べたが、代表的な研究にジほか（Ji et al., 2001）による、中国人大学生と米国人大学生の比較がある。たとえば、大学4年生のカップルが卒業後に別れる確率を問われると、中国人大学生のほうが米国人大学生よりも高確率であった。つまり、中国人のほうが変化をより予測するのである。また、比例的に上昇している株価は、そのまま上昇するか、上げ止まりになるか（負の加速度曲線になる）を判断させると、米国人は前者と答えるが、中国人は後者と答えるという傾向が見られた。やはり、中国人のほうが、上昇という状態から横ばいという状態に変化するという予測を行ないやすいのである。

ニスベットほかによる、西洋人の分析的認知・東洋人の全体的認知という枠組みは、これまでに発見された人間の認識におけるさまざまな文化差と一致するという点で、文化差に興味を持つ多くの心理学者に受け入れられている。また、これは、分析的な論理学を産み出した西洋の文化的伝統と、風水など全体性とバランスを重視する東洋の文化的伝統という対比とも一致する。また、それによる身体観の違い、すなわち悪い箇所を見つけて排除する西洋医学と、身体全体のバランスを重視する東洋医学という分類にも一致する。ただし、東洋人の弁証法が実際にこの枠組みでとらえられるのかどうかはまだ確実ではない。この点は、次の6章で検討する。

5-2　論理的思考と知能指数

4章で述べた東洋人の弁証法的思考傾向は、「日本人は論理的ではない」という印象をより強くするかもしれない。そして、この印象は、1章で述べた19世紀の亡霊と結びついたときに、「だから日本人は劣っている」という結論に達するかもしれない。実際に、日本人は非論理的と思っている人の中には、これらの研究の結果を聞きかじってそう判断している人もいるかもしれない。ペンとニスベット（Peng & Nisbett, 1999）によれば、東洋人の弁証法は素朴なので、高度とも劣っているとも言えないとされるが、この「素朴」という点も、あくまで推定であって、どの程度の素朴さなのかもはっきりしていない。さらに、私たち（Zhang et al., 2015）の実験では否定されたことだが、実際に日本人を含めた東洋人が、矛盾した主張に対して双方を容認する傾向が強いのかどうかも、まだ確固とした事実として確定しておらず、実は、まだ明確ではないことが大部分と言っても差し支えはないだろう。

まず、日本人が論理的ではないのだとすれば、それは2章で紹介した、いくつかの心理学的理論とどのように関連しているのだろうかという疑問が生ずるだろう。2章では、自然論理理論やメンタルモデル理論など、人間の思考は論理的であると考える理論をいくつか紹介したが、たとえば、規則基盤傾向が高い西洋人ほどこれらの理論に当てはまり、日本人をはじめとする東洋人は当てはまりにくいということがあるだろうか。しかし現時点で、私が知る限り、このような主張は行なわれたことがない。自然論理理論やメンタルモデル理論が主張する人間の論理性は、人類全体の文化普遍的なものである。

ただし、同じく2章で紹介した、二重過程理論は、西洋人と東洋人の認知の文化差と関連する可能性がある。二重過程理論によれば、人間の認知機構は、モジュールの集まりである進化的に古いシステムと、抽象的思考を可能にする汎用性がある進化的に新しいシステムからなる。ここで、表2－1をもう一度見て欲しい。この二つのシステムの対照表に、全体的・分析的、文脈依存・文脈から独立、連想的・規則基盤的という対比があることがわかるだろう。全体的、文脈依存は、この章ですでに紹介した、ニスベットによる東洋人の全体的認知の特徴であり、また、分析的、文脈から独立、規則基盤的というのは、西洋人の分析的認知の特徴である。規則基盤的と対比される連想的という特徴は、必ずしも東洋人の弁証法的という特徴に完全には一致しないが、これらを見ると、西洋人は進化的に新しい認知システムを、東洋人は進化的に古いシステムを使用しているのではないかという疑いを持ってしまう。

2章において、進化的に新しいシステムは、大きな認知容量によって汎用的で抽象的な推論を可能にしていると述べたが、実はこれは知能指数（IQ）が最もよく表わしている能力に相当している。実際、すでにスタノヴィッチとウェスト（Stanovich & West, 1998ab）は、IQと論理的推論が関係しているということを実証している。彼らの基本的な方法は、知能テストに代わるものとして、米国やカナダで行なわれている、知能テストと非常に似た大学進学適性試験（Scholastic Aptitude Test：SAT）を使用し、2章で紹介した、ウェイソン選択課題などの人間が誤りやすいとされた課題の成績の関係を見るというものである。ウェイソン選択課題は、どんな大学で調査しても、正答率は5～10パーセントなので、比較的学力と無関係と思われてきた。しかし、彼らの実験から、誤りやすいとされた課題で規範解を得ている大学生の適性試験得点は高いということがわかったのである。彼らによれば、大学進学適性試験は、大きな認知容量を支える進化的に新しいシステムの性能を表わしており、彼らの研究結果は、この進化的に新しいシステムが古いシステムから直観的に生起する誤答を抑制する働きをしたものとして解釈される。

もし、東洋人では進化的に新しいシステムが西洋人ほど発達していないとすれば、知能指数は西洋人と比較して低いはずである。ところが、リン（Lynn, 2003）によれば、東洋人の知能指数は低いどころか、西洋人よりもわずかだが高いのである。ということは、少なくとも日本人を含めた東洋人が、進化的に新しい認知システムが劣っているため、あるいはその認知容量が小さいために、規則基盤的思考を行なわないという因果関係は導くことができない。もちろん、知能指数自体がいったい何を表わしているのかについては、まだまだ議論があるし、そもそも「頭が良いということはどういうことなのか」という問題に対しても、明確な結論が出ているわけでもないので、ＩＱですべてを判断するわけにはいかない。しかし、少なくとも、東洋人が、ＩＱが低く、形式的な推論ができないために素朴弁証法的な推論を行なっているという主張は否定することができるだろう。

それでは、なぜ東洋人の思考には、進化的に古いシステムの特徴が含まれているのだろうか。私たち（Yama et al. 2007）は、思考における文化差は、人々が2種類のシステムをどのように使用するかによって生じていると提案している。私たちが注目したのは、スタノヴィッチとウェスト（Stanovich & West. 2003）が導入した、遺伝子設置目標（gene-installed goal）とミーム獲得目標（meme-acquired goal）という区別である。遺伝子設置目標とは、自然選択を経て生き残った遺伝子による生き残りのための目標である。もちろんこの目標が、現代の文明社会で適切かどうかは問わない。ミームとは、文化的遺伝子とも呼ばれるが、遺伝子からの類推概念で、ジーンからの造語である。これは、人間の心から心へと遺伝のように伝わっていく文化的情報で、遺伝子のように、誤って伝えられたり（突然変異に相当する）、選択を受けて適者だけが生き残ったりして広がっていく。ミームの適応基準は、野生環境ではなく、現代の文化社会である。代表的なミームに、ネクタイがある。フランスや英国の上流階級で広まったネクタイは、正装やホワイトカラーのシンボルとして、西洋文化圏だけではなく、暑くて着用が不適応な地域にも広がっていった。このように記すと、進化的に古いシステムには遺伝子設置目標、進化的に新しいシステムにはミーム獲得目標が相当すると思われるかもしれない。しかし、実は、それぞれのシステムにおいて、双方の目標が存在する。つまり、遺伝子設置目標にしろ、ミーム獲得目標にしろ、自らの目標のために、どちらのシステムを利用するかを決めるのである。それぞれのシステムはハードウェアであり、目標はソフトウェアに相当する。そして、遺伝子設置目標が進化的に新しいシステムを利用することもあり、ミーム獲得目標が進化的に古いシステムを利用することもある。

遺伝子設置目標は文化的に普遍である。そして、IQが関係しているのは、進化的に新しいシステムでの遺伝子設置目標である。ただし、2章の、なぜ認知容量が増大したのかという箇所で述べたとおり、実はまだ増大の目標は完全に明らかとはなっていない。おそらく、認知容量を増大させるような選択圧があって、その圧力に耐えるようなことが目標なのだろう。一方、ミーム獲得目標は、文化がどのような目標を設定するかに左右される。したがって、本書でのテーマである、西洋人の規則基盤的思考と東洋人の弁証法的思考という文化差は、このミーム獲得目標によって生じていると言える。ミーム獲得目標は、おそらく西洋では、一つの規則に従ってできるだけ矛盾がないような目標であり、一方、東洋では、少々矛盾が生じてもかまわない複数の規則を考慮するような目標なのかもしれない。そして、複数の規則を同時に考慮するためには、表2－1に示されるように、並列的な処理を得意とする進化的に古いシステムをちゃっかりと利用するのかもしれない。

5−3　柔軟な思考としての弁証法

3章の末尾で紹介したように、弁証法は、ヘーゲルによれば本来は高等な思考の道具である。スタノヴィッチ（Stanovich, 2009）の用語を拝借すれば、高度なマインドウェアなのである。規則を中核に置く論理学を歴史上初めて発展させたギリシャ哲学においても、実は、アリストテレスに先んじて、プラトンの影響を受けたソクラテスが反対論証法（method of elenchus）とも呼ばれる問答法を確立している。これは、ある論者の主張に対して別の論者がそれと矛盾する主張を行ない、両者の矛盾をなくすためにさまざまな仮説を排除していくという方法であり、明らかに弁証法的である。現代では問答法に相当するのは、科学的思考における批判的思考（critical thinking）であろう。批判的思考は、その命名から、他人の意見等を批判するための思考と勘違いされやすいが、基本的には、既存の知識あるいは仮説を疑うことから始まる思考である。そのエッセンスは、エニス（Ennis, 1987）によれば、自分の思考を内省することなのである。

科学的思考を例として考えてみよう。科学のエッセンスは、ある現象をどのように説明するかという点にある。説明のために必要なのが仮説あるいは理論なのだが、これらが妥当なのか否かを検討する一連の手続きが、科学的検証である。一般にこのような研究では、既存の仮説や理論が妥当なのかという疑問から始まり、別の説明可能性、つまり別の仮説が可能かどうかという検討に入る。このプロセスにおいて、エニスが考える批判的思考が非常に重要であることがわかるだろう。また、この段階で、仮説が複数あるわけなので、弁証法的な思考が必要になってくる。たとえば、「子どもの知能が親と似ている」という現象に対して、「知能が遺伝するからである」という仮説(遺伝説)で説明しようとしたとしよう。それに対して、「知能が高い親は子どもに知能が高くなるような環境を提供するからである」という仮説(環境説)も説得力がある。これらの仮説のどちらが妥当なのか、あるいは両仮説を超えた仮説が考えられうるのかを検討する思考は、弁証法的と言えるのである。

また、2章で紹介したジョンソン＝レアード(Johnscn-Laird, 1983)のメンタルモデル理論も、弁証法を内在している。すでに述べたように、メンタルモデル理論によれば、演繹的な推論の過程において、あるモデルによって暫定的な帰結を導いた後、その帰結を偽とするようなモデルの可能性を探索するからである。つまり暫定的な帰結と矛盾するようなモデルを探索するという過程は、高度な弁証法的思考なのである。そのような視点を導入すれば、同じく2章で紹介した、自然論理理論の一つであるPSYCOPは、演繹の規則に基づく理論なので、弁証法的ではない。自然論理理論もメンタルモデル理論も、認知容量に支えられた論理的能力を強調するが、自然論理理論は規則基盤的であり、一方、メンタルモデル理論は弁証法的であるという対比が可能なのである。ただし、すでに述べたように、西洋人の思考はPSYCOPで表現されているものに近く、東洋人の思考はメンタルモデル理論が述べるものに相当するという主張は、まだ行なわれたことがない。

認知の発達においても、弁証法的な変化が想定されている。2章において、ピアジェの発達段階説を簡単に紹介したが、彼（Piaget, 1980）は、ある発達段階から次の発達段階へと移行するときに弁証法的な方法が用いられることを指摘している。たとえば、子どもに、二つの同じ形のビーカーに同じ量の水が入っていることを確認させ、一方のビーカーの水を細長いビーカーに移し替えたとする。そうすると細長いビーカーの水面は上昇してしまい、上下次元に注目しやすい子どもは、細長いビーカーの水が多いと思ってしまう。ところが実際は、どちらのビーカーも水の量は同じという情報が与えられているので、自分が持っている意見と矛盾が生じてしまう。この例では、両方の情報を勘案するというよりは、与えられた「同じ」という情報を元に、「物質は何も加えたり減じたりしなければその量は同じ状態で保たれる」という量の保存の原理が獲得されるが、少なくとも、一時的には弁証法的思考を行なう必要がある。ピアジェの弁証法は、ある概念そのものの中に対立があるというヘーゲルの弁証法とは異なり、このように対立する意見・情報から開始されるのである。同じような例は、ピアジェの認知発達の考え方を道徳の発達に適用したコールバーグ（Kohlberg, 1976）の主張にも見られる。彼は、慣習に従った道徳観から、慣習を超えたより自律的な道徳観への発達的変化について、ハインツという登場人物のジレンマを題材として検討を行なった。「ハインツの妻は、重い病気で死にかけているが、助かるかもしれない薬がある。ところがその薬を製造した薬屋は、製造費の10倍の値段をつけたので、ハインツにはとても買うことができない。それで彼は薬屋に妻が死にかけていることを話して薬を安くしてくれることを頼んだが、断られてしまった。そこで、ハインツは思いつめて妻のために薬を盗むために薬局に押し入った」というストーリーで、ハインツはそうすべきだったか否かを理由とともに答えるという課題である。慣習に従った道徳、つまり親や教師が言うことだからとか、法律で決められているからという理由による道徳の発達段階の子どもは、「法律で決まっているから、盗みはいけない」となる。しかし、10歳を超えて自律的で脱慣習的な道徳段階になると、ハインツの動機や薬屋の道徳性が考慮されて、それがジレンマとしてとらえられるようになる。つまり、弁証法的な解決が可能になるのである。

弁証法が思考の方法として明確に形成されるのは、青年期における認知発達であると考えられている。ピアジェ自身、当初は、12～13歳の形式的操作期と呼ばれる段階に至ると、論理的思考ができるようになってそれを認知発達のピークとしてきたが、その時期以降、複雑な問題に対処するための弁証法的な思考を獲得していくことが、認知発達上重要であると考えるようになった。実際、リーゲル（Riegel, 1973）は、形式的操作期以降のピアジェの考えた発達段階をポスト形式的操作期として位置づけ、大人になって現実社会の複雑な問題を解決するための成熟した英知が獲得される時期であるとしている。ピアジェの段階の発達においては、認知容量の発達的増大が想定されているが、形式的操作期からポスト形式的操作期への移行においてはとくにそのような増大は想定されていない。この変化は、前節で述べた二重過程理論の枠組みでとらえれば、進化的に新しいシステムの認知容量をどのように使用するのかという発達なのである。つまり、ミーム獲得目標は、西洋と東洋の文化の違いだけではなく、中学生と大人の思考方法の違いをも生み出していると言える。経験からもわかるように、大人は中学生と比較して、はるかに複雑な問題を解決しなければならない。

こうして見ると、19世紀の亡霊とは逆に、東洋人が高度な思考スタイルを持っているのではないだろうかとも思えてくる。しかし、すでに述べたように、おそらく東洋人の弁証法は、素朴弁証法と呼ばれるもので、必ずしも高度なものではない。対立や矛盾を明確に意識して、それを解決して、元の命題や主張、仮説を超えた解決が導かれるという形式ではなく、素朴弁証法では、すべてが変化するという認識によって、矛盾が生じたり、それが解決されたりの繰り返しという視点で世界を眺めているわけである。矛盾から、より高度な解決を求めようとする態度というわけではない。

もう一つ弁証法と関連するものに、曖昧耐性（ambiguity tolerance）がある。この概念の専門的な見解はファーナムとリブチェスター（Furnham & Ribchester, 1995）の論文にまとめられている。曖昧耐性とは、よく知らなかった、複雑だったり、不可解だったりして曖昧であるような状況あるいは対象にどのように対処するのかということに関係しており、それらを曖昧なままで受け入れることができる能力あるいは態度を言う。逆に、耐性がない人は、曖昧さに不安やストレスを感じたり、忌避したり、あるいは性急な解決を求めようとする。したがって、曖昧耐性が低いということは、不確実な状態への適応性が低いということであり、また、性急な解決は、間違ったものであったりする場合が多いのである。

曖昧耐性については、性格あるいは態度として、個人差研究は多いのだが、あまり文化差の研究はない。しかし曖昧耐性と近い概念として考えられている不確実性回避（uncertainty avoidance）について、比較文化的視点の研究がある。この研究は、ホフステード（Hofstede, 1980）によって行なわれたもので、その結果は、国による経営文化の違いを明らかにするために、各国のＩＢＭの社員に対して行なわれた調査に基づいている。さまざまな質問の中から浮かび上がってきた次元の一つが、この不確実性回避であり、これは、「ある文化のメンバーが不確実な状況や未知の状況に対して脅威を感じる程度」と定義されている。不確実性の回避が強い社会においては、曖昧さや自分の持つ不安をすぐに解消したいという欲求が強い傾向にある。したがって、物事には必ず正解がなければ気が済まず、規則を絶対的なものとして受け入れる。また奇抜なアイデアや行動を抑制し、革新に対する抵抗があるのが特徴である。一方で、不確実性の回避が弱い社会においては、曖昧な状況であっても、危険についても不確実でも、比較的平気であるといった傾向がある。

このように考えると、弁証法的な思考傾向が高いとされる日本や中国をはじめとする東洋人は、この不確実性回避の傾向が低いと考えられるだろう。ところが、意外にも、日本は高いのである。この傾向は、概して、ラテン米国、ラテン系ヨーロッパ、地中海諸国で高い。東洋人では、日本人と韓国人は高いが、意外に中国人は低い。したがって、このパターンには、東洋人 対 西洋人という対比があまり当てはまっていない。実は、このホフステードのデータは、元来ＩＢＭの社員の企業文化が国によってどう違うのかという調査から得られたものであり、それが、一般的な文化差として一人歩きしているとも批判されている。各国のＩＢＭの社員というと、各国において社会階層的に均質なので、統制的に文化差を抽出しやすいという利点があるが、それぞれの国の中で決して平均的な人たちというわけではない。したがって、この結果をどの程度受け入れることができるかについては、いろいろと異論もある。しかし、もし日本人の弁証法的思考傾向が高度であるとするならば、たとえば、AとBではどちらが正しいのかといった不確実性に対処するスキルも高くなるであるはずである。そうすると、少なくとも、日本人の弁証法的思考傾向は、もし存在するとすれば、不確実性に対処できるような高度なものではなく、ペンとニスベット（Peng & Nisbett, 1999）が主張したように、素朴なものなのであろう。

6章　思考の文化差をどのように説明するか

6－1　認知や思考の民族差は遺伝子による差異か？

文化の差異あるいは民族の差異は、それがもし存在しているならば、どのようにして説明すべきだろうか。第一の方法は、遺伝子頻度である。遺伝子頻度という表現は耳慣れないかもしれないが、特定の遺伝子を持っている人の割合が民族によって高かったり低かったりして、それによって文化差が生じていると考えられれば、遺伝子頻度による説明ということになる。たとえば、アジア人には、遺伝子的な理由からアルコールのアセトアルデヒドを分解する酵素が欠けている人が多い。これは、遺伝子配列によるもので、アフリカ人や西洋人は分解酵素に欠損がないGG型がほとんどだが、アジア人には、あまり分解できないAG型やほとんど分解できないAA型が多いのである。つまり、アジア人の中には酒に酔いやすかったりあるいはほとんど飲めなかったりする人が多い。このことによって、酒文化あるいは酒による人づき合いが西洋人と異なっているとすれば、遺伝子頻度による文化差の説明になる。実際、日本は比較的酔っ払いに寛容であり、酒席での無作法はマナー違反ではないとする「無礼講」文化が存在する。分解酵素の欠損によって酒に酔いやすい人が多い結果であると説明することができるだろう。

本書のこれまでの議論から、日本人を含む東洋人には、高度とも非論理的とも言えない弁証法の思考傾向が強い可能性が高いということが示唆され、また、ニスベット（Nisbett et al. 2001）によって、分析的認知の西洋人と対比されて全体的認知であると推定されている。これらの文化差あるいは民族差は、遺伝子頻度で説明できるものなのだろうか。実際、日本人あるいは東洋人は、明らかに西洋人やアフリカ人と遺伝子的に異なっている点がある。読者のみなさんの中にも、目や肌の色の違いなどの外見に遺伝子の違いが現われているのだから、思考傾向の違いが脳における遺伝子の差異によるものだと考えてもおかしくはないと思っている人がいるのではないだろうか。

遺伝子頻度の差異は、進化の原動力である、遺伝子の突然変異と自然選択によって変化する。さらにこれら以外に、遺伝的浮動という現象も無視できない。遺伝子浮動とは、当初は同じ遺伝子頻度である複数の集団が、互いに孤立していて遺伝子のやりとりが生じない状況になると、偶然によって生ずる子孫と親世代との遺伝子頻度の違いが、世代を経るにしたがって大きくなってくるというものである。小さな島などで種が孤立すると、何世代かのうちに、元の種とはかなり大きく変化してしまうような例が相当する。

現在、地球上に住むヒトは、約16万年前にアフリカで進化を遂げたとされるホモ・サピエンス・イダルツ（homo sapiens idaltu）の子孫であると推定されている。それに至るまでに、約７００万年前にチンパンジーの祖先と枝分かれしてから、野生環境の中で、アウストラロピテクス、ホモ・ハビタス、ホモ・エレクトスなどのヒト亜族あるいはヒト属が生まれている。現生人類であるホモ・サピエンスは、イダルツの一グループであると推定されている。したがって、現在のホモ・サピエンスにおける遺伝子の多様性は、この16万年前の一グループが持っていた多様性を引き継いだものであると言える。さらに、サハラ以南のアフリカ人を除いて、ユーラシア、オーストラリア、南北米国に住んできた人々は、約7万年前に、アフリカから現代の中東へと移り住み、全世界に拡散していったホモ・サピエンスの子孫である。

この16万年あるいは7万年という年月が、ＩＱや思考傾向の民族差に影響を及ぼすような遺伝子的変化をもたらすのだろうか。この問題は、大きすぎるので、本書ではとても扱いきれるものではない。遺伝子頻度について民族間で何らかの差が生じているのは確実だが、それは民族平均ＩＱや思考傾向に影響を及ぼすような差なのだろうか。この問題に触れる前に、民族差と個人差について説明したい。個人差については、最近の遺伝子研究でかなりいろいろなことがわかるようになった。実際、ＩＱや三段論法的な推論能力などについて、双生児研究によって、遺伝の影響があるかもしれないということも示唆されている。個人レベルでの遺伝の影響を調べる上で、双生児研究は重要である。なぜなら、人間のある特徴が、育て方によるものなのか遺伝によるものなのかを検討したいとき、通常は、両要因はオーバーラップしてしまう。しかし双生児の場合、一卵性双生児と二卵性双生児を比較すれば、この問題はある程度解決する。つまり、一卵性双生児も二卵性双生児も、育てられた環境はほぼ同じだからである。一卵性双生児は遺伝子的に同一で、二卵性双生児の遺伝的類似は普通の兄弟姉妹における類似の程度なので、一卵性双生児間の類似が二卵性双生児間の類似よりも高くなれば、それは遺伝の影響であると見なすことができるのである。このような分析で、たとえば、ライトほか（Wright et al., 2001）は、オーストラリア人、オランダ人、日本人からデータを収集し、ＩＱなどについて、遺伝の影響がある程度存在していることを示している。

ただし、民族差が遺伝子によるものであると見なすためには、民族によって特定の遺伝子頻度に差があり、その差がＩＱの民族平均に影響を及ぼしていることが示される必要がある。なお、すでに5章で記したように、西洋人と東洋人とではＩＱに民族差はほとんどない。しかし実は、ＩＱの民族差について少々気がかりな点がある。それは、5章では触れなかったが、サハラ以南のアフリカ人がやや低いという問題である。さらに気になるのは、言語能力に影響があるのではないかと考えられる遺伝子、マイクロセファリン（microcephalin）についてのデータである。マイクロセファリンは、脳の大きさや言語能力と関連していると言われていて、約3万7０００年前に突然変異によって現われ、ホモ・サピエンスの間に広がっていった遺伝子である。これは、民族間で少々遺伝子頻度が異なる。ウッドリー（Woodley et al., 2014）による最近のデータ分析では、マイクロセファリンは、個人差としてＩＱと関係があるわけではない（つまり、マイクロセファリンを持っていればＩＱが高いというわけではない）ことが示されているが、サハラ以南では頻度が低く、その結果、民族を単位として分析するとＩＱと関係があるという結果になっている。つまり、サハラ以南の民族は、マイクロセファリン頻度も低く、平均ＩＱも低いということである。

この結果は、日本人が東洋人として知能が低いのではないかという懸念とは関係はないが、アフリカの人々について19世紀の亡霊を呼び起こすかもしれない。ウッドリーの研究は、リン（Lynn, 2003）などのデータにマイクロセファリンのデータを加えて再分析したものなのだが、実は、リンのデータにも問題がある。それは、サハラ以南の国々では、どのようなサンプルが用いられたのかである。問題は、サハラ以南の国々において高等教育を受けている人がかなり少ないという事実である。これは、比較文化あるいは比較民族研究において常に問題になることである。たとえば、英国と日本を比較するときに、どんな人たちをサンプルとすべきだろうか。私たちの研究でもそうだが、多くの比較文化研究では、大学生が比較されている。この理由は、大学で行なわれる研究では大学生に頼みやすいということもあるが、比較的２国間で釣り合いがとれたデータ収集となるからである。つまり、たとえば、英国では大学生、日本では大学に行っていない人で比較をすると、日英の文化差ではなく、受けた教育の差異がデータに反映する可能性が高くなる。この問題について、英国と日本とを比較するなら、解決はまだ比較的容易である。これが、たとえば日本と、大学進学率が極めて低い国を比較したい場合はどうだろうか。大学生はごく少数のエリートであり、それ以外は良い教育を受けていない国との比較では、大学生同士を比較しても、大学生以外を比較しても、文化以外の要因が混入してしまう。このような国は、上記で問題となっているサハラ以南に多いのである。

実際、ＩＱには、教育が非常に大きく影響する。ニスベット（Nisbett, 2009）が自著の巻末付録において さまざまなデータを引き合いに出して主張していることだが、ＩＱ自体、この何年間かの間にかなり上昇しているのである。この上昇は、高等教育の普及などによって促進されていると考えられ、フリン効果（たとえば、Flynn, 2012）と呼ばれている。ＩＱは、学業成績などと比較して、確かに特定の教育や訓練等によって変動しにくいとは言われている。しかし、親の教育への態度、子どもの労働からの解放、公教育や高等教育の普及によって、実際はこの１００年で大きく変化しているのである。それは、たとえば米国においても、ＩＱが低いとされたアフリカ系米国人の生活や教育環境が改善されるにつれて、劇的に上昇しているという事実にもうかがい知れるのである。それでは、上記で述べたライトほかの双生児研究のデータは、これらの事実とどのように両立可能なのだろうか。ＩＱに遺伝の影響が大きいとする彼らの結果は、おそらく家庭教育や公教育がかなり均質な状況での比較に基づくものだからであろう。そして現実に高度な教育を受けることができる国々では、教育環境が均質になるのに比例して、相対的に遺伝の影響が大きくなってしまう。しかし、人類全体という視点からは、遺伝の影響は必ずしも大きいとは言えず、教育環境においてあまり差がない国同士を比較すれば、ＩＱには民族差がほとんど見られなくなるのである。サハラ以南のアフリカ諸国については、今後、公教育・高等教育の普及により、大きな改善が期待される。これらの国において、マイクロセファリン欠如の人が多いという結果は、ＩＱの平均の低さとは関係がない可能性が非常に高いのである。

このような証拠がそろっても、19世紀の亡霊は現われるかもしれない。実際、外見等からいって民族間に遺伝子頻度に違いが存在することは明らかであり、存在するならば、やはり知能等にも遺伝的民族差があるのではないかと、どうしても思ってしまう人は多いのではないだろうか。特定の民族における急激な遺伝子頻度の変化の一要因として、ボトルネック効果がある。ボトルネックとはビンの首であり、この現象は、ある遺伝子集団のうち細いビンの首を通過できたわずかだけが生き残ったという状態で生ずる。その集団のうち特殊な個体のみが生き延びるとすると、この集団の子孫は以前とは遺伝子頻度がかなり異なるということになる。たとえば、太平洋の島々の先住民には太った人が多く、遺伝の影響が大きいとされる。太平洋の島々への移住は、7万年前以降の人類の大移動の歴史の中ではかなり最近で、粗末なボートや筏で長時間漂流したり、流れ着いた島において十分な食料が得られなかったりと、飢餓や食糧不足のリスクが非常に高かった。そのような状況では、皮下脂肪を効率的に蓄える人が生き残るのに有利である。太った人が多い理由は、彼らが飢餓というボトルネックを通過することができたごく一部の人々の子孫だからであると推定されている。また、アフリカで進化を遂げたホモ・サピエンスはもともと黒かったが、太陽光線が弱いヨーロッパへ移住できたのは、肌が比較的黒くなかったごく一部の人々だけで、彼らが現ヨーロッパ人の祖先となった。色が黒いと、ヨーロッパではビタミンDの欠乏症となり、とても生殖年齢まで生きていくことができず、ここで大きなボトルネック効果が起きてしまったのである。このようなボトルネック効果は、知能やＩＱに対しては生じたのだろうか。だが７万年前以降、特定の民族において、ＩＱが高いごく少数の人々だけが生き延びることができたという自然の変化・災害が起きたのかというと、野生的環境でそれは確率的に非常に低いと推定できる。大きな自然の変化が起きたとき、ＩＱが高いことは確かに生存に有利かもしれない。しかし、現代人の知能と結びついたＩＱの高さが野生環境ではあまり役に立たないことも多く、また人類は社会的哺乳動物として集団で助け合いながら生きてきている。したがって、不利な環境で生き延びるときも、ＩＱの高い人だけが生存できたというボトルネック効果は肌の色などに比べてはるかに小さいのである。さらに、５章で述べたように、そもそも東洋人に見られる弁証法的思考傾向に、知能に関する遺伝子頻度が影響しているという可能性は、仮にあったとしても非常に低い。

6-2　西洋の個人主義文化と東洋の集団主義文化

文化差を説明する第二の方法は、文化の伝達によるものであり、これには文化的伝統のような垂直的なものと、ある地域から別の地域への伝達というように水平的なものがある。たとえば、ネクタイは暑い地域では適した文化習慣とは言えないが、西洋からその他の地域に水平的に伝達したものである。また、第三の方法は、特定の文化が、その場所・地域への生態的な適応の必要性から生じたとするものである。たとえば、人々の移動手段として穏やかな内海と豊富な木材があれば船の移動の文化が形成されるだろうし、草原と移動用家畜に適した動物がいれば、その動物による移動の文化が形成されるといった説明である。

ニスベットほか（Nisbett et al., 2001）は、第二の方法と第三の方法が混在したレベルで、4章で述べた、西洋人の規則基盤的思考傾向・東洋人の弁証法的思考傾向という違いを、5章で述べた西洋人の分析的認知・東洋人の全体的認知という文化差の中に含めて説明しようとしている。彼らがまず用いたのは、西洋人の個人主義（individualism）と東洋人の集団主義（collectivism）という区分である。この区分は、5章ですでに述べた、世界中のＩＢＭ従業員に、それぞれの国の人々の価値観や文化習慣を調査したホフステード（Hofstede, 1980）の分析から抽出された、いくつかの次元の一つである。また、トリアンディス（Triandis, 1995）によれば、個人主義とは、自分自身を家族や部族といった集団から独立したものと見なす個々人から構成され、好み、欲求、権利、契約に主として動機づけられ、他者の目標よりも自分の目標を優先し、他者との関係について有利なのか不利なのかを合理的に考えるという社会的なパターンとして定義される。一方、集団主義とは、自分自身を集団の一部と見なす緊密に結びついた人々から構成され、この集団から課せられる規範や義務に主として動機づけられ、自分自身の目標よりも集団の目標を優先し、集団内での結びつきを重視するという社会的パターンとして定義される。一般に、西洋（ヨーロッパと北米）では個人主義文化であり、アジア、アフリカ、中南米では集団主義文化であるとされている。

この区別は、それまでに提唱されてきたさまざまな西洋と東洋の違いを総称する概念として、現在でも有力な仮説としてよく用いられている。すでに1章において、会社の方針に不満を持った男の例をあげたが、彼の「日本がタテ社会である」（中根 1967）とか「日本は集団の調和を重んずる」などのつぶやきが、実は、集団主義概念に含まれるものである。このような文化差の研究の始まりの一つに、太平洋戦争という不幸な出来事において米国が行なった、対戦国の国民としての日本人の特性の研究がある。当初は、なぜ日本人は天皇に対して忠誠心が強いのか、なぜ命を惜しまない兵士が多いのかという研究から始まって、日本の戦後処理のための政策に適用できるような研究にまで発展した。そのような経緯で行なわれた研究の一つで、ベネディクト（Benedict, 1946）は、西洋文化を「罪の文化」、日本文化を「恥の文化」として対比させている。彼女は、日本社会をカーストのような階層制度社会と見なし、日本人にとってその階層の中でふさわしい位置を得て、それにふさわしい振る舞いをすることが重要であると推定した。そして、その階層においてふさわしい振る舞いをすることができなければ恥を感ずる心性が獲得されてきたと考えた。たとえば太平洋戦争のときに、絶望的な戦況において、日本兵は捕虜になることを恥として、集団自殺的な突撃を行なったりした。これも、日本兵という階層に捕虜という振る舞いはふさわしくないとして、強い恥を感じたためであると解釈された。このような研究の流れを受けながらも、一方、土居（1971）は、日本人の心性を記述するのに、「恥」ではなく「甘え」という概念を用いた。甘えとは、周りの人に好かれて依存できるようにしたいという、日本人特有の感情だと定義される。日本人は、自分が属する集団の人々に対する依存心が強いとして、これも集団主義の特徴と見なされるのである。

個人主義・集団主義という文化差は集団レベルの、どちらかといえば行動的特徴の背景で共有される価値観をまとめた記述である。この個人主義・集団主義という差異を、個人レベルで記述したのがマーカスと北山（Markus & Kitayama, 1991）である。彼らは、西洋人は、個人主義文化の中で相互独立的自己観（independent self construal）を育み、一方、東洋人は、集団主義文化の中で相互協調的自己観（interdependent self construal）を発達させると提唱した。彼らによれば、西洋人は、自分自身を個人主義的であり、自己中心的であり、社会からは分離されたものと見なすとされる。一方、東洋人は、自分自身を集団主義的であり、社会中心的であり、他者あるいは社会と結びついたものと見なすとされる。

ニスベットほか（Nisbett et al., 2001）は、西洋人の分析的認知と東洋人の全体的認知という差異を、個人主義文化と集団主義文化の基盤となっている文化的価値観によって、次のような説明を試みている。

一般に、生存のためには、自分にとって利益になるもの（食べ物、暖かい服、親切な人など）を獲得し、自分にとって危険なもの（捕食動物、毒など）を避けることが目標になる。このような状況では、これらの対象を認識して、対象の特徴に基づいて、その対象の変化を予測することが適応的であろう。たとえば、ある対象が「電車の中で老人に席を譲る」や「他人ににこやかに応対する」などの特徴を持っているかどうかが検討され、持っているならば「親切な人」であると判断される。そして、ある人が親切な人であると認識されれば、親切な人が概して持っている特徴から、その人は「困ったときに助けてくれる」や「裏切ったりはしない」と予測できるのである。規則に基づいた演繹や帰納は、このような目標に到達するのに、たいへん都合がよい認知的な道具なのである。規則に基づいた推論を行なうためには、対象が持つ特徴と、その対象の行動や推移との関係を抽象化する必要がある。言い換えれば、その対象を文脈から切り離すことが必要なのである。

この目標到達の方法は、個人が属する集団を想定していない。つまり、個人主義文化における目標到達に相当するわけである。しかし、このような目標到達のために、集団で協力しあう必要がある場合はどうだろうか。さらに、そのような集団の調和を保つといった、集団の目標を自分の目標よりも優先すべき文化の中ではどうだろうか。これが集団主義文化である。このような文化では、対象だけではなく、それを取り巻く文脈情報にも注意を払う必要がある。この場合、上の例を再度使用すれば、自分が必要とする「親切な人」だけに注意を払うのではなく、その親切な人を取り巻く文脈、つまりそれ以外の人々との関係にも注意を払わなければならない。なぜならば、もしあなたがその親切な人と新しく関係を築くと、そのことが他の人々を含む集団全体の調和に影響を及ぼすからである。さらに、このような文化では、集団内で対立があったときに、一方が正しく、他方が間違っているといった明確な判断をすべきではない。これによって力のバランスが崩れて、集団内の調和が混乱してしまう可能性があるからである。したがって、規則は曖昧にして、多くの状況要因を考慮するほうが望ましいのである。

ただし、最近、ニスベットの研究チームの一人であるヴァーナムほか（Varnum et al., 2010）は、個人主義や集団主義といった集団レベルから、分析的認知や全体的認知という個人レベルへの因果関係で説明するということをやめた。その代わり、マーカスと北山（Markus & Kitayama, 1991）が提唱した、相互独立的自己観の西洋人、相互協調的自己観の東洋人という、個人レベル間での説明を試みている。つまり、西洋人は、相互独立的自己観を持ち、対象を常に文脈から独立したものとして見るが、東洋人は、相互協調的自己観を持ち、対象が文脈と調和しているものとして見るというわけである。

この説明は、すでに発見された二つの知見とも一致する。第一は、文化プライミング（cultural priming）と呼ばれる効果である。プライミングとは、何らかの刺激（プライム）によって、特定の刺激情報へのアクセスが頭の中で促進される現象である。トラフィモウほかによれば（Trafimow et al., 1991）、西洋人は相互独立的自己観を持ち、東洋人は相互協調的自己観を持つといっても、それは程度の問題で、人間は基本的に両方の自己観を持っていて、文化プライミングによって、どちらかの自己観が優位になるという。実際、キューネンほか（Kühnen et al., 2001）は、自分と友人や両親との相違点をあげるように求められた条件と、共通点をあげるように求められた条件を設けて、対象と文脈を認識する課題成績を比較した。前者では相互独立的自己観が、後者では相互協調的自己観が優位になる。実験に参加したのはドイツ人や米国人で、みな西洋人であった。そして、相違点を指摘することを求められた参加者は、対象を文脈から切り離すような分析的認知を行なう傾向にあり、共通点を列挙することを求められた参加者は、文脈と結びついた全体的認知を行ないやすかった。

第二は、同一国内の異なる文化集団を比較した研究によるものである。ウスキュルほか（Uskul et

al., 2008）は、トルコの東黒海地域に住む人々が、生業によって分析的・全体的という認知スタイルの違いが現われることを報告している。一般に、牧畜を生業としている人たちは、比較的自分の意思決定のとおりに行動を選択でき、相互独立的自己観を持っているが、一方、漁業や耕作農業を生業としている人たちは、常に協同で作業をする必要があり、相互協調的自己観を抱いていると言われている。そして、彼女らの予測通り、牧畜を生業としている人々は分析的認知、漁業・耕作農業を生業としている人々は全体的認知を行ないやすいという結果であった。

以上の説明から、個人主義文化という集団レベルから、相互独立的自己観という個人レベルの自己観が生じ、そこから分析的認知が行なわれ、一方、集団主義文化では相互協調的自己観が形成され、全体的認知が行なわれるという流れがあることが理解できるだろう。すると、「やはり日本人は、集団主義の縦社会の中で、論理的な思考ができないのではないか」と解釈したくなる人もいるかもしれない。しかし、この分析的認知と全体的認知にも、規則か弁証法かという区分と同じように、どちらが優れているかというような優劣はない。また、仮に優劣があったとしても、これらの認知スタイルは、ここで紹介した文化プライミングの実験例にあるように、かなり容易に変化するものであるということが認識できるだろう。

ただし、西洋の個人主義、東洋の集団主義という区別については、実際、批判が多い。日本において、最も先鋭的にこの問題を提起したのは高野（2008）である。たとえば、高野と纓坂（1997; Takano & Osaka, 1999）は、これまでの日本人と米国人を比較した心理学的研究結果を丹念に検討し、そのうちの多くが、日本人が集団主義的であり米国人が個人主義的であるということを支持していないことを指摘している。個人主義と集団主義の問題は本書のテーマからは外れるので、これ以上は議論しないが、少なくとも、「軍隊のようなタテ社会組織を持った日本企業の中で、ロボットのように働いて、儲けを追求している」という集団主義社会ではないということは確かであろう。このようなイメージは、太平洋戦争の日本軍のイメージをそのまま企業に適用したものである。そもそも、戦時のように、外敵が明確な場合は、社会は集団主義的になりやすいのである。

また、仮に、個人主義・集団主義という区分や相互独立的自己観・相互協調的自己観という区分が妥当であったとしても、これによる説明には不十分な点がある。ニスベットによる説明では、認識対象の例を特定の人間として、「集団内の調和のためには、文脈である他の人にも注意を払う必要がある」とした。しかし、では、この認知スタイルが、なぜ人間以外の認識対象にも広がっているのかという説明が不足しているのである。同じような不足は、自己観による説明にも当てはまる。相互独立的自己観を持つ人が対象を文脈から独立したものとして見、相互協調的自己観を持つ人が対象と文脈とが調和しているものとして見るという根拠が希薄なままなのである。

6-3　文化的伝統としての素朴弁証法と陰陽思想

東洋人の弁証法・西洋人の規則基盤性という思考スタイルの違いについては、スペンサー＝ロジャーズほか（Spencer-Rodgers et al. 2010）は、個人主義・集団主義という区別よりも、文化差を説明する第二の方法である文化的伝統による説明を試みている。個人主義・集団主義という区別を用いなかった理由は、中南米の人々の存在である。中南米の人々は、集団主義文化とされるにもかかわらず、弁証法的思考傾向ではないという実験・調査結果が得られているのである。これまで、このような比較文化研究では、西洋人と東洋人が比較されることが多くて、中南米人は見過ごされてきたが、スペンサー＝ロジャーズほか（Ma-Kellams et al. 2004）は、彼女が開発した弁証法的自己尺度質問紙などを用いて、中南米の人々はむしろ米国人以上に弁証法的ではないという結果を得ている。したがって、集団主義だから、あるいは相互協調的な自己観を抱いているので弁証法的という説明は明らかに無理があるのである。

かといって、彼女たちは、個人主義・集団主義という枠組みをすべて否定しているわけではない。とくに、西洋人は対象だけに注意を向けるが、東洋人は対象だけではなくその文脈、つまり背景にも注意を向けるという点について、この枠組みを否定してはいない。西洋人の規則基盤的思考・東洋人の弁証法的思考という区分が、西洋人の分析的認知・東洋人の全体的認知という対比の一つの側面であるという点に、疑義を抱いているのである。彼女らは、東洋人の弁証法的思考は、文脈に注意を向ける傾向とは切り離されるべきで、むしろ、4章で素朴弁証法の原理として掲げた、「世界は流動的であり、絶えず変化している」という世界観と関係していると考えている。5章において、西洋人の分析的認知・東洋人の全体的認知の四つの側面のうちの四番目としてすでに記したが、ジ（Ji et al.

2001）によって、中国人が米国人と比較して、変化をより予測する傾向が強いことが示されている。

スペンサー＝ロジャーズやペンは、西洋人の規則基盤的思考傾向の文化的背景として、古代ギリシャに源流を発するアリストテレス論理学の伝統を重視し、一方、東洋人の弁証法的思考傾向の文化的背景として、道教、儒教、仏教の伝統をあげている。東洋人のこの文化的伝統に基づく世界観は、世界あるいは世の中は、常に変化している、したがって、至るところに矛盾が生じているというものである。

東洋の上記の三つの宗教の中では、道教が最も古く、もともとは土着的な宗教である。中心概念の道（タオ）とは宇宙と人生の根源的な不滅の真理を表わしているが、これは、人智を超えた計り知れないものとされる。万物の根源に太極（タイチー）が想定され、ここから陰陽の二元が生ずるとされている。陰と陽とは互いに対立する属性を持った二つの気であり、万物の生成消滅といった変化は、この二気によって起こるとされる。そして、人生における実践として、ことさらに知や欲を働かせる「人為」を無くし、「無為」で「道」に従って生きることを説いている。

孔子を祖とする儒教は、東洋人の文化形成に大きく影響を与えた。とくに、礼や上下秩序を重視する姿勢は、東洋人の集団主義に影響を与えたのではないかと言われているが、本書での中心テーマである素朴弁証法に影響を与えたものとして、中庸をあげたい。中庸とは、儒教における、大学、論語、孟子と並ぶ四書の一つであり、その書物の中で説かれている中庸という概念は、儒教の倫理学的な側面における行為の基準をなす最高概念であるとされる。これは、「偏らない」という調和を意味する。

しかし、この概念が人々に広まると、矛盾する二者の間をとるという、素朴な意味として解釈されるようになってしまう。スペンサー＝ロジャーズは、その意味でも東洋人の弁証法を、素朴弁証法と呼んだのである。

仏教の諸概念のうち、ナガールジュナ（龍樹）が体系化した大乗仏教の中の概念である縁起は、4章で紹介した素朴弁証法の、（3）の全体論の原則と強く結びついている。ナガールジュナの主な主張は彼の著作とされる『中論』にあり、またその業績については、中村（1994）の中で詳しく説明されている。彼の考えは、原始仏教の流れを色濃く残す、説一切有部（サルヴァースティヴァーダ）を批判するところから始まっている。説一切有部では、事物または概念の本質が実在すると主張され、森羅万象を構成する不滅の要素は、有法や法体（ダルマ）と呼ばれている。しかしナガールジュナは本質の非実在を主張し、そこから説かれるのが彼の「空（くう）」の理論である。彼は、あらゆる現象はそれぞれの因果関係の上に成り立っていることを主張し、この因果関係を縁起と呼んでいる。縁起は、もともとブッダによって説かれており、「此があれば彼があり、此がなければ彼がない、此が生ずれば彼が生じ、此が滅すれば彼が滅す」という表現に表わされている。「煩悩があるから苦がある」という主張もその一例である。ただし、説一切有部では、縁起の起源について言及するが、ナガールジュナは、因果関係によって現象が現われているのであるから、それ自身で存在するという実体（彼は、これを「自性」と呼ぶ）はないこと（無自性）を主張している。これによって、すべての存在は無自性であり、「空」であると論証しているのである。彼の思想は、5世紀初頭にクマーラジーバ（鳩摩羅什）によって中国に伝えられ、道教、儒教と並んで文化的伝統を形成している。「世界は流動的で常に変化している、そしてそれぞれの事象・事物が互いに結びついている、したがって矛盾は至るところで起きている」という世界観は、上記のような文化的伝統と結びついていると推定できる。中国の紀元前2世紀ごろに書かれた道教と儒教の古典である『淮南子』に載っている有名な話に、『塞翁が馬』がある。匈奴との国境の近くで馬を飼っていた塞翁という老人の馬がいなくなったというところからこの話は始まる。人々は、塞翁を気の毒がるが、彼は平気であった。するとその馬は匈奴から駿馬を連れて帰ってきた。人々は彼を祝福するが、塞翁は、今度は自分の不運を心配した。実際、次には彼の息子が駿馬を乗りこなそうとして脚を骨折するという大怪我をするのである。再び人々は彼を気の毒がるが、そのうち匈奴と戦争になり、村の若者は兵士に駆り出され、多くが死んでしまったが、彼の息子は怪我のために兵士にならずに済んだ。この故事は、「人間万事塞翁が馬」として、人間、良いこともあれば悪いこともあるという教訓になっている。

日本には、仏教が説く、人間の現世での命は永遠ではないという教訓として、無常観が伝わっている。とくに中世文学においては、無常を枕詞のように使用することが知識人の常とされ、たとえば鴨長明の『方丈記』は、「ゆく河の流れは絶えずして、しかももとの水にあらず。よどみに浮かぶうたかたは、かつ消えかつ結びて、久しくとどまりたるためしなし」の書き出しで始まり、移り行くもののはかなさを語っている。この中には、京都での大火や地震、飢饉などの記述があり、平穏な生活がいつまでも続かないということが語られている。また、『平家物語』の冒頭には、「祇園精舎の鐘の声、諸行無常の響あり。沙羅双樹の花の色、盛者必衰の理をあらはす」という有名な文章がある。この作者は不明だが、保元・平治の乱からの平氏の絶頂から滅亡までが描かれており、読み本と、琵琶法師によって口承された語り本が残されている。また、浄土真宗の僧である蓮如によって、布教のためにわかりやすく書かれた御文（おふみ）の中に、白骨（はっこつ）がある。「朝（あした）ニハ紅顔アリテ、夕（ゆうべ）ニハ白骨トナレル身ナリ」という有名な一節が含まれ、現在でも、浄土真宗の葬儀の折に読み上げられる。これは、人の生涯は儚く、幻のようなものである、したがって、どんな人も死んだらどうなるかという問題を一刻も早く解決しなければならない、そのためには、阿弥陀仏に深く帰依し、称名念仏するほかはない、と説いている。

これらの文化的伝統が、日本人を含む東洋人の素朴弁証法的思考の形成に影響を及ぼしていることは否定できない。本書では扱っていないが、東洋人と西洋人の現代の文化や価値観等の違いを説明するのに、キリスト教文化や儒教文化の影響を検討するというアプローチは至るところで用いられている。しかし、文化的伝統で認識などの文化差が説明される場合には、このような文化的伝統がなぜ形成されたのか、あるはなぜ受け入れられたのかを説明して欲しくなる。つまり、第三の説明の方法である、生態的な適応の必要性から文化が生じたとする説明が欲しいのである。次の章で紹介するが、現在、文化多様性を説明するために、地勢的、生態的な説明が試み始められている。もちろん、文化的伝統の差異は、何かわずかな誤差のような違いによって生じてきた可能性もあるので、すべての文化差を地勢的・生態的な要因で説明可能かどうかは疑わしい。しかし、文化的伝統だけで説明されると、物足りないのである。

6－4　言語とコミュニケーション

これまであまり触れなかったが、次に、文化的産物の一つとしての言語が思考に与える影響について考えてみよう。言語が思考に影響を与えるのか否かは、心理学の重要な問題の一つである。コミュニケーションのために外から入ってきた言語が思考形成上大きな役割を果たすと初めて強く主張したのは、ヴィゴツキー（Vygotsky, 1956）である。彼は、コミュニケーションの手段であった言語が、子どもから大人に発達していく過程において、思考の重要な媒介として作用すると主張している。この、言語の論理的な側面が、人間の思考方法を論理的に整理してくれるのである。

言語による思考の文化差を最初に明確に主張したのは、サピア＝ウォーフ仮説（Sapir-Whorf hypothesis）である。これは、人類学から言語を扱った２人の研究者であるサピア（Sapir, E.）とウォーフ（Whorf, B. L.）によって提唱されたもので、言語が認識的カテゴリーあるいは概念に影響を与えるという主張がよく知られている。たとえば、あるイヌイットの言語では、約４００語の雪を表わす言葉があるらしい。一方、英語で雪を表わす語彙は極めて少ない。すると、雪を認識するときに、イヌイットの人々のほうが、細かいカテゴリーに分類することができるというものである。しかし、この主張には、さまざまな批判が寄せられ、たとえば、色についての語彙の少ない言語の話し手が、必ずしも多様な色を認識できないわけではないなどの証拠が示されて、彼らが主張するほど言語が実際の認識に影響を与えているのではないということが推定されている。

それでは、日本語の場合はどうだろうか。日本語は、世界で使用されている主要な言語と比較して、論理的ではないという議論がずっと続けられてきた。ここでは、上のような概念にかかわる意味論的な側面ではなく、文法的な制約について考えてみよう。サピア＝ウォーフ仮説の立場から、東洋人は非論理的であるとして、その原因を言語に求めたのがブルーム（Bloom, 1984）である。彼は、英語とは異なり、中国語や日本語には仮定が反実か否かについての仮定法の規則（仮定法過去や仮定法過去完了など）が存在しないことに注目し、実際に中国人は、反実仮想が含まれる推論が米国人よりも苦手であるということを示した。しかし、その後よく似たような研究が行なわれたが、この事実は確かめられていない。さらに、高野（Takano, 1989）は、ブルームの実験に参加したのは、米国人は理科系の大学生が多かったが、中国人はいわゆる文科系の大学生であったという点を指摘した。中国の文科系の大学生は、ブルームによって用いられた理論的推論課題に不慣れだったのである。

それ以外にも、日本語は非論理的であるとする主張は多い。中には19世紀の亡霊に一役買っているものもある。たとえば、中村（1989）は、日本の文化の非合理的傾向が日本語の非論理的傾向と結びついていると見なしているが、この主張はその後の日本語の分析成果等と比較すると、多少荒っぽい。また、その主張では日本の文化が非合理的であることが前提とされているが、それも乱暴な想定である。日本語の非論理性の例としては、たとえば、「ボクはウナギだ」のような文の存在がある。

「だ」は、主語とその後に続くものを結びつける補助的な品詞で、文法の規則を適用すれば、「ボク」イコール「ウナギ」または、「ウナギ」に属する要素ということになる。しかし、もしこの文が発せられる前に、「私は天丼にする」という発話があれば、この文の意味は、「ボクはウナ丼を注文する」となる。つまり、これは、「だ」の本来の意味あるいは文法的な標識の役割とは逸脱した使用の例で、日本語が非論理的であるとする根拠の一つになっている。ただし、月本（2009）は、このような非論理性は表面的なものであり、日本語の文が表わす意味の構造は、論理学で表現可能であるとして論理的であると主張している。

一方、私（Yama, in press）は、コミュニケーションスタイルという視点から東洋人の素朴弁証法の説明を試みている。私が注目したのは、ホール（Hall, 1976）の低文脈（low context）文化・高文脈（high context）文化という区分である。ここでいう文脈とは、コミュニケーションのときに話し手と聞き手が暗黙的に共有する情報である。たとえば、「今何時ですか?」という質問には、世界のどこの時間を聞いているのかという情報が省略されているが、それが日本国内での会話ならば、「日本時間のことである」という文脈が共有されているので、省略が可能なのである。ホールによれば、コミュニケーションでは、聞き手は、話し手の話す明示化されたメッセージに意味を付与するために文脈を利用するのだが、この文脈利用度が文化によって高かったり低かったりする。そして、概して西洋では利用度が低く、彼はこれを低文脈文化と呼んでいる。一方、東洋では利用度が高く、高文脈文化となる。この文脈という概念は、ニスベットほか（Nisbett et al., 2001）による「対象だけではなく文脈にも注意を向ける」という東洋人の全体的認知の特徴の記述で用いたものとほぼ同じである。この場合、メッセージが対象であり、それに関係する共有情報が文脈になる。「空気や雰囲気を読む」という場合の、この「空気」や「雰囲気」も文脈である。これを弁証法的思考に適用すれば、高文脈文化では、何らかの矛盾があっても、文脈で解決できるので気にしないという態度が生まれやすいと解釈できるのである。たとえば、ペンとニスベット（Peng & Nisbett, 1999）が用いた、「過度の卑下は半分自慢」という矛盾が含まれた諺でも、「過度に卑下することによって、聞き手に否定してもらうことを期待できる」文脈を利用することが可能ならば、「実は自慢なのだ」という解釈が可能になる。

ホールのこの西洋の低文脈文化と東洋の高文脈文化という区分は、西洋の個人主義・東洋の集団主義という区分の一側面とも見なされている。しかし、西洋人の分析的認知・東洋人の全体的認知という文化差を、個人主義・集団主義からの説明とは異なるもっと単純な方法で説明することができる。つまり、高文脈文化とされる東洋人は、文脈に注意を向ける傾向が強いわけである。たとえば、石井ほか（Ishii et al., 2003）は、人の話を聞くときに、米国人は発話内容に自発的に注意を向けるが、日本人は話し方のトーンに注意を向けがちであることを発見した。この場合、発話内容が対象でトーンは文脈であり、日本人が発話内容を解釈するのに文脈をより利用しているという証拠なのである。また、キムほか（Kim et al., 2008）は、アジア系米国人は、ヨーロッパ系米国人と比較して、困ったときに直接的に援助を求めることをためらい、かつ頼むのにストレスを感じやすいという研究結果を報告している。日本においても、頼みにくい相手に、「あの、すみませんが……」と言いかけて、後は相手が自分の依頼を察してくれるのを待つという方法が用いられることが多いだろう。この理由は、集団主義文化のアジア系米国人は、集団の調和を壊すような直接の依頼をしにくいためと解釈されている。しかし、高文脈・低文脈の区別によっても説明することが可能である。つまり、日本においてこの方法がある程度通用する理由は、文脈によって、言葉に直接表現されていない依頼者の意図が復元可能だからであり、一方、低文脈文化のヨーロッパ系米国人は、文脈を利用することができにくいために、直接の依頼をせざるを得ないとも解釈できるのである。

ただし、西洋の低文脈文化・東洋の高文脈文化という区分の難点は、直接の証拠がまだまだ少なく、またどの国が高文脈でどの国が低文脈かについて、これまでの諸研究間で一致が少ないということである。これは、キトラーほか（Kittler et al., 2011）が指摘している点で、彼らが整理したこれまでの研究からは、北欧や北米、オーストラリアは低文脈、日本、中国、韓国、南米、東南アジアは高文脈である。個人主義文化の国とされる英国やフランスは、低文脈とされたり、高文脈とされたりしている。この理由は、高文脈・低文脈を何によって測定するかということが明確ではない点であろう。高文脈・低文脈という指標には、心理学実験・調査よりも、既存の言語やメッセージを分析するというものが多い。たとえば、ヴュルツ（Würtz, 2006）によるウェブサイトのコンテンツの分析などによれば、日本語、中国語、韓国語のウェブサイトでは、ドイツ、米国、北欧と比較して、視覚に訴えるものが多いという結果であった。彼女は、この結果から、東洋の高文脈文化を確証したとしている。つまり、彼女によれば、視覚イメージは文脈によって情報を補って初めて正確なメッセージになるが、日本、中国、韓国では、高文脈によって補うことが可能と解釈されるのである。

私が低文脈・高文脈という区分を議論する中で注目しているのは、日本語における主語の省略である。池上（2000）は、日本語が論理的か否かについては触れていないが、日本語における主観性と主語の省略の多さを指摘している。英語のみならず、中国語などの他の言語と比較しても、日本語は主語の省略の許容度が非常に高い言語である。これは、日本の文学作品等を英語などに翻訳するさいに、翻訳者が非常に苦労する点である。有名な例として、川端康成の『雪国』の冒頭の文がある。

国境の長いトンネルを抜けると雪国であった。

この文は、日本語の話者には解釈は困難ではない。おそらく主語は語り手であろうとして解釈し、「雪国」は列車の窓から見える景色というイメージにフィットする。しかし、非日本語話者は、これを英訳するときに「トンネルを抜ける」の主語を何にするべきなのか迷う。現実の英語版では、「the train」が主語になっており、そうすると、この冒頭の部分は、実は英語版では、トンネルを抜けて雪の中を走る列車を鳥瞰するようなイメージになってしまう。

池上によれば、主語が省略される理由の一つは、省略された主語が文脈から復元可能（recoverable）だからである。日本語話者の感覚からすると、話し手と聞き手にとって主語が自明であるならば、ことさら述べるのは野暮だということになろう。池上は、とくにホールの高文脈・低文脈に言及しているわけではないが、この復元を可能にしているのが文脈である。つまり、主語の復元は、高文脈文化だから可能なのである。

なお、池上は、日本語の主語の省略の理由として、モノローグ的言語とダイアローグ的言語という分類も導入している。ダイアローグ的言語では話し手は、聞き手が省略を復元できるように会話を行なう。しかし、モノローグ的言語では話し手だけの独白が基準であり、話し手による省略は話し手のみが復元可能なのである。池上は、日本語における主語の省略は、単に文脈から復元可能という理由だけではなく、聞き手による復元を曖昧にしてしまうようなモノローグ的言語の要素が多分に含まれていることによって起きていると推定している。また、ハインズ（Hinds, 1987）の分析によれば、話し手と聞き手の振る舞いについて、話し手責任の言語、聞き手責任の言語という分類も可能である。つまり、コミュニケーションの成功・不成功について、どちらの責任を問うのかという視点から考察すると、日本語は聞き手責任の言語に分類されるようである。この点については、多分に逸話的な現象になってしまうが、とくに話し手が上位の階層にある場合は顕著かもしれない。「良きに計らえ」という一言の命令で、家臣はそれを理解しなければならない。また、伝統的な芸事でも、師匠の曖昧な「道」についての訓育を、弟子は間違えないように解釈しなければならない。なお、日本語と同程度に省略の許容度が高いのは韓国語である。しかし渡辺と鈴木（1981）によれば、韓国語には、省略の美学という発想はないようである。

このように論を進めると、中国も同じ東洋として高文脈文化とされているにもかかわらず、中国語では、日本語と比較して主語の省略はほとんどないので、主語が省略されているから高文脈文化という主張は論拠として弱いと思われるかもしれない。ただし、日本と中国の比較については、これまでの高文脈・低文脈の議論の中で、逸話的で科学的根拠は小さいとされながらも、ロッシュとシーグラー（Rösch & Segler, 1987）やホールとホール（Hall & Hall, 1990）によれば、日本が最も高文脈文化の国であるという推定がなされているのである。主語の省略は、高文脈文化の特徴の一つであり、その点が加味されて、日本のほうが中国よりもよりいっそう高文脈文化であるという推定なのである。

理論の根拠がまだ脆弱であるにもかかわらず、私がこの説を推奨する理由は二つある。第一は、4章で紹介した私たち（Zhang et al., 2015）の、日本人が中国人よりも、弁証法的自己観の質問紙テストでも、弁証法的態度を賢明とする判断でも得点が高いという結果である。第二は、次の7章で述べるが、生態学的な適応という第三の方法による文化差を説明する理論として、発展の可能性を秘めているからである。

日本人が中国人よりも弁証法的であるという文化差については、少なくとも個人主義文化・集団主義文化という区分では説明できない。この区分も基準が曖昧ではあるが、すでに知られているものでは、すべて中国のほうが集団主義的な文化とされているからである。文化的伝統に説明を求めても、とくに日本のほうが中国よりも、陰陽思想の影響が強いという主張は見当たらない。そうすると、現時点で、やはり最も説得力がある説明は、省略された主語の復元可能性、つまり文脈の高低ということになる。この基準を適用すれば、集団主義文化の国とされる南米諸国も、スペイン語を母語とする限りにおいて、やはり主語の省略は少ない。そうすると、4章で述べた、スペンサー＝ロジャーズほか（Ma-Kellams et al., 2011; Spencer-Rodgers et al., 2004）が発見した、南米の人々の思考は弁証法的ではないという事実とも合致するのではないかと思われる。このように、低文脈文化・高文脈文化という次元は、個人主義文化・集団主義文化という区分と完全に一致しているわけではない。西洋の文化と東洋の文化をうまく対比させているという点で一致しているが、どの国がより低文脈か高文脈かという点については、個人主義文化・集団主義文化の強さの程度と不一致も多い。日本はあまり極端な集団主義文化の国ではないが、最も高文脈文化の国であると見なされている。

このように考えると、もし日本人が弁証法的だとすれば、矛盾を文脈によって解消することが可能だからであり、また、主語を省略しても許容される理由は、文脈によって回復可能だからである。暗黙の了解について、言及しない、明示しないという点では、前提を明示的に列挙する必要がある命題論理学に違反している度合いが高いということになるが、決して非合理的なわけではない。

7章　文化的適応の理論に向けて

7-1　文化のビッグ・バン

人間の習慣や価値観、認知のスタイル、このような文化差あるいは民族差が生まれる背景あるいは原因は何なのかという問題は、これまでさまざまな論文や書籍において論じられている。6章では、西洋人の分析的認知と東洋人の全体的認知の差異について、西洋の個人主義あるいは独立的自己観と東洋の集団主義あるいは協調的自己観という視点からの説明を紹介し、本書の中心テーマとなっている西洋人の規則基盤的思考傾向と東洋人の弁証法的思考傾向について、文化的伝統という視点からの説明を追加した。

しかし、文化多様性をこのような要因で説明する場合、その説明のための差異がどのように生じたのかを説明する必要がある。すなわち、ではなぜ西洋では個人主義文化であり、東洋では集団主義文化なのかという問題、西洋では道教・儒教・仏教が受け入れられたのかという問題を解決しなければならないのである。つまり、6章で述べた、文化差を説明する第三の方法、すなわち、文化が生態的な適応の必要性から生じたとするものであるとする視点に立った説明が必要になってくるのである。個人主義文化・集団主義文化の区分については、比較的生態学的に説明されやすいと思われてはいるが、まだ明確ではない。

現在、いわゆる文化が生まれてその多様性が生じてきた過程を、単に歴史的事実を並べるだけではなく、人間の進化や生態学的な視点から掘り下げた、いわゆるビッグ・ヒストリーと呼ばれる理論・書籍が数多く出版されている。それも、19世紀の亡霊に加担するような思弁的なものではなく、考古学、自然人類学、文化人類学、気候学、比較文化学、それに心理学の膨大なデータに基づくものである。これらの理論は、文化のビッグ・バン（Cultural Big Bang）と呼ばれる3～5万年前の大変化までと、それ以降に大別される。

文化のビッグ・バンとは、3～5万年前にホモ・サピエンスに起きた非常に大きな文化的変化である。まず、石器等に見られる技術革新という点では、それまで長く続いた旧石器から、革新的な新石器に変化した。旧石器の代表的なものは、ハンドアックス（握り斧）や石刃などで、比較的簡単な方法で製作可能である。しかし新石器は、研磨による細石器が特徴で、現代のカミソリと十分に比肩しうるものまで作られたようである。また、骨角器が精密になり、縫い針や釣り針が発明された。この縫い針の発明によって、哺乳動物の毛皮を縫い合わせて衣類にすることが可能になり、ヨーロッパやシベリアなどの寒冷地での生活が適応的になった。この衣類は、縫製をせずに頭からすっぽり被るだけの毛皮よりは格段に暖かい。この他、宗教と芸術が誕生したのもこの時期と推定され、アルタミラやラスコーなどの洞窟壁画、宗教的なシンボルと思われる発掘物がそれを物語っている。

文化のビッグ・バンがなぜ起きたかについては、さまざまな要因が複雑に絡み合ってとしか言いようがない。約7万年前に人類はアフリカを出て世界中に拡散していき、徐々に人口が増えだしたのがビッグ・バンの時期である。マイズン（Mithen, 1996）は、2章で紹介した二重過程理論を援用して、人間の知性の変化が大きな要因であると考えている。2章では、汎用的なシステムを認めるか否かで、二重過程論者と進化心理学論者で論争があるということを紹介したが、マイズンは、二重過程論者の立場に立ち、ビッグ・バンが起きたころ、それまで孤立していたモジュール同士の統合が可能になったと推定している。彼は、汎用システムという用語は用いていないが、この変化を認知的流動性の獲得と表現している。つまり、たとえば石器を作るような知性が、最初はモジュール的だったのが、「○○を作るためには、～の方法を用いる」といった目標と手段を見通した知識として、他の領域にも流動的に適用できるようになったということである。

それによって、ホモ・サピエンスは、新しいテクノロジーを手に入れただけではなく、高くなった知性によって、科学の芽生えとも言える、ある現象に対して「なぜ？」と発問して、因果関係を説明しようと試みるようになった。そして、狩猟や採集をするさいに、現代の科学に近いような生物学的知識を獲得できるようになったかもしれない。しかし、「なぜ？」という科学的な問いは、迷信と表裏一体でもある。とくに、不可解な現象については、迷信や何か超越的な力で説明しようという試みもなされるようになっただろう。それと同時に、ホモ・サピエンスは、高くなった知性によって、この頃に自分が死すべき存在であるということを理解するようになった可能性がある。死や不可解な現象を説明するために神が創造されたりするようになり、このことが宗教心の起源と推定されている。

芸術については、あまりにも複雑すぎてとても論じきることができないが、人口の増加と食料の増産によって、食糧生産以外の活動の時間を持つことができるようになったり、食料を生産する必要がない人々を養う余裕が生まれたりしたことが要因の一つだろう。その中で芸術は、作品を楽しむだけではなく、権威の象徴となったり、宗教と結びついたり、また、呪術に使用されたりしたのだろう。また、芸術は、入れ墨などのファッションとも結びついたかもしれない。ファッションは、増えてきた人口に伴う、集団間の葛藤と関係があると推定される。メンバーが互いに協力的な集団において、最も忌み嫌うべきはフリーライダーである。フリーライダーは、2章で説明した騙し屋とほぼ同義で、とくに、協力をせずに利益だけ奪い取る個人・個体を指す。とくに問題となるのは、集団外からのフリーライダーである。せっかく自分が属する集団で協力して得た食料などの資源を、協力しなかった外部の人間が奪ってしまうことになるので、これは、集団として何が何でも防がなければいけないのである。集団が小さく、メンバーを互いに知っているような場合には、ある個人が、自分が属する集団の一員か否かは容易に発見できる。しかし、人口が増えて集団が大きくなると、それは次第に困難になる。このような状況では、ある人物が自分の集団のメンバーなのか否かの判断が必要になる。そのような状況では、すぐにそれとわかる指標が必要で、部族特有の入れ墨や、特有の衣服のデザインがその役割を果たす。また、言語も、方言やアクセントの違いが指標となりうる。6~7万年前にアフリカを出た私たちの先祖は、その時点ではおそらく同じ言語だっただろうが、かくも多様になった理由の一つとして、この区別の指標という役割を果たすためということが考えられる。入れ墨や衣服のデザイン等のファッションについては、どのようなものを好めば適応的かという基準はない。重要な点は、自分が属する集団の人々と同じようなものを好み、他の集団と明確に区別できることなのである。

なお、マイズンの書籍が出版された時点ではまだ知られておらず、彼自身は考慮していないが、この文化のビッグ・バンが起きた原因として、ホモ・サピエンスにおける遺伝子的な変化の可能性も指摘されている。これは、すでに6章で紹介したマイクロセファリンや、言語や発話に関連するとされるFOXP2の遺伝子的変異による誕生である。クラインとエドガー（Klein & Edgar, 2002）は、このFOXP2によって、ホモ・サピエンスが知的な問いかけをすることができるようになったり、コミュニケーションが活発化されたりした可能性を指摘している。ただし、これらの遺伝子によって、実際に脳が大きくなったなどの変化は確認できない。このような変化は、化石からは何もわからないのである。さらに、残念ながら、文化のビッグ・バンのころの文字を持っていないホモ・サピエンスが、どのような言語を話していたのかについては、ほとんどわかっていない。

7－2　地勢的・気候的・生態的要因による文化多様性の説明

もう一つのビッグ・ヒストリーは、6～7万年前の出アフリカ以降に現われた文化多様性の説明である。さらに、文化多様性だけではなく、文明の発展が均等ではない歴史的事実の説明が試みられている書籍や論文が多い。文化についてては、必ずしも文化相対的な立場をとらなくても、どの文化が優れているか優劣をつけにくい。しかし、文明についてては、「文字が考案されている」、「食料生産が効率的である（それによって、余剰労働力を、芸術などに使用することが可能である）」、「集団が大きくかつ組織化されている（政治システムが存在する）」、「科学が発展している」、「乳児死亡率が低い」などの要素から、ある程度発展段階を想定することが可能である。実際、6～7万年前以降の文明の発展は、地域によって早いところもあれば遅いところもあるというように、明らかに不均衡である。

文明についてては、この1万年の間の発展が顕著である。この1万年は、地質学的な時代区分で完新世と呼ばれ、約7万年前に始まった最終氷期が終わって、45億年の地球の歴史の中で最も温暖で気候が安定した時期と考えられている。狩猟採集を行なっていた人類が農業を始めたのは、紀元前約9000年ごろと推定されている。以前は、定住が先か農耕が先かという議論があったが、現在では、定住が先であったと推定されている（たとえば、Belfer-Cohen & Bar-Yosef, 2002）。まず、およそ1万5000年前に最終氷期が終わりかけ、ヨーロッパを中心に比較的温暖な気候になり、また新石器や弓矢などの技術革命も進み、狩猟採集のために移動生活をしなくても定住で生計を立てることができるようになった。手の届く範囲で十分な食料を得ることができるようになったのである。ところが、約1万3000年前から、氷河期の揺り戻しとも言うべきヤンガー・ドリヤス（Younger Dryas）期が1500年ほど続き、北半球は再び寒冷化し、また中東が乾燥した。そこで飢餓の危機に瀕した定住民が選択した戦略が農業なのである（Bar-Yosef, 1998）。最初の農業は、中東の「肥沃な三日月地帯（Fertile Crescent）」と呼ばれる、エジプトのナイル三角州からレバノン、シリアを経て、チグリス川・ユーフラテス川に沿う、三日月形の地域で起こった。エンマ小麦、ライ麦、レンズ豆などが栽培され始めた。

農業の開始以降の文明の発展の不均衡を、特定の民族の優秀さという概念を借りずに、みごとに説明を試みたのが、ダイアモンド（Diamond, 1997）である。彼が最も注目したのは、生態的要因と地勢的要因である。農業の開始の生態的要因として、栽培可能な野生種が自生しているのかどうかという点は重大である。その点で肥沃な三日月地帯は、非常に有利であった。そして、いったん農業が開始されると、品種の改良や栽培方法などの進歩は、相互の文化伝播によって生ずるが、この文化伝播は、農業については南北間よりも気候が同じような東西間で活発になる。この点で、ユーラシアは、アフリカ、南北アメリカ、オセアニアよりは大陸が東西に長くて有利なのである。

農耕よりも少し遅れて哺乳動物の家畜化が始まったが、この点でも、ユーラシアは有利であった。牧畜可能な野生種が多かったからである。ウシやヒツジの家畜化は農耕や生活のために、ウマやラクダの家畜化は移動や運搬に利用されるようになった。とくに、ウマの場合は征服戦争にも利用することができた。これ以外の家畜は、南北アメリカのラマくらいで、たとえば、アフリカにはシマウマがいるが、このシマウマは絶対に人に馴れず、家畜化は不可能である。さらに、ユーラシアの人々は家畜化の過程で、病原菌に対する免疫を獲得していった。しかし、オセアニアや南北アメリカの先住民にはこの免疫がなく、15世紀以降、西洋人が持ち込んだ天然痘、麻疹、チフスなどで多くの人々が死亡し、先住民の人口は激減した。スペインによるアステカの滅亡は、先住民の虐殺というよりは、このような疫病の蔓延などによるものなのである。

中東やヨーロッパにおける先進性について、ウマが果たした役割は大きい。家畜化されたのは中央アジアの草原にいた野生種であると言われている。ウマは長距離の移動・交易を可能にしてくれるが、人類の繁栄を促進したのはこの交易である。2章において、社会的交換が社会的哺乳動物として進化したヒトに遺伝的に備わっているという進化心理学者の学説を紹介したが、この社会的交換あるいは交易は、偏在している農産物や海産物および資源を広範囲にわたって利用可能にし、食料やその他の道具の生産の分業化を生む。分業化は専門家を育て、生産を効率化する。生産が効率化されれば、今度はウマ以外の、たとえば船や車両といった乗り物が作られて交易は益々盛んになる。このような説明によって、ユーラシアの、とくに中東から地中海世界にかけての先進性が説明されるのである。

ダイアモンドよりずっと以前に、梅棹（1967）が、すでに生態学的視点で文明の進歩の不均衡について述べている。この考え方は、ユーラシアの東西の端で比較的高度な文明（1967年当時、アジアでは日本が唯一の産業国だった）が発展したことを説明するために、ユーラシアを、中央の乾燥地域、それに隣接する東欧と中国、端に位置する西洋と日本に分類し、東西の端が、中央の乾燥地域の「暴力」を受けにくかったとする提案である。中央の乾燥地域が「暴力」的であるとする根拠は、ここではウマによって専制的な軍事帝国が形成されやすく、農業地域である中国や東欧を侵略した過去の歴史にある。具体的には、イスラム帝国（サラセン帝国）、モンゴル帝国、チムール、オスマン＝トルコなどが例となるが、ただし、梅棹のこの理論は、パイオニアとして評価できるが、現代の知見に照らすとずいぶん乱暴である。なお、川勝（1997）の海洋史観は、ユーラシアの南の海上での交易を組み入れることによって、生態史観を補完するものと見なされることもあるが、交易によっていったい何が取引されるのかという視点が重視されており、文明の不均衡の説明としては、梅棹の生態史観とはかなり異なったものと考えることもできる。ただし、本書ではこの「生態的」という用語を使うとき、その土地でどのようなものが収穫でき、それらがどのような手段で運ばれたり交換されたりするのかという視点を重視しているので、川勝の海洋史観は、適応論的な生態学的アプローチを代表するものと見なすことができる。

15世紀以降の近代化の歴史は複雑である。偶然的な要素もかなり重要な役割を果たすことがある。たとえば、マクファーレン（Macfarlane, 1997）は、ユーラシア大陸の西と東の片隅にある島国、英国と日本の興味深い比較を行なっている。彼は、「なぜ産業革命は英国で起きたのか」、「なぜ日本はアジアの片隅で開国して短期間に産業国家になったのか」という問題について、両国が、17世紀ごろからマルサスの罠（Malthusian trap）から抜け出すことができた稀有な国であるということに興味を抱いた。マルサスの罠とは、18～19世紀の経済学者であるマルサス（Malthus, T. R.）による警鐘で、豊かになったところで、それによって人口が増えればまた人々は貧困に陥るのは必然であるという見方を意味する。たとえば、ヨーロッパではペストによって周期的に人口が激減したが、皮肉なことに人々が比較的豊かになるのは人口が減った後なのである。このサイクルを打ち破ったのは産業革命なのだが、実は、英国と日本においては、すでに17世紀ごろから出生率と死亡率が低下して、マルサスの罠に陥りにくい社会構造になっていたことが指摘されている。マクファーレンは、死亡率の低さの原因に、まず島国の利点として、戦争による破壊の少なさをあげている。たとえば、ドイツは17世紀の30年戦争において人口の30～40パーセントを失っているが、英国は大陸の戦禍の影響が小さかった。この点は日本も同じである。また同じく島国の利点として、英国における伝染病の少なさをあげている。ヨーロッパはペストの被害が大きかったが、英国ではこの被害は比較的少なかった。アジアではペストの大流行は比較的少なかったが、さらに日本は熱帯性の病気が少なかった。その他、飢餓の少なさ、衛生的な水、ビール、お茶を煮沸して飲む習慣などがあげられている。

一方、出生率の低さについては、英国においては未婚率の高さがあげられ、日本においては、女性が比較的若くして生殖終了をすることがあげられた。そして、驚くべきは、日本における中絶と間引きと言われた嬰児殺しの多さである。嬰児殺しについては、正確な記録が残されているわけではないが、マクファーレンは、多くの資料を渉猟して推定している。中絶や嬰児殺しは、子どもが増えることによって貧困に陥ることを回避させるが、同時に、子どもの死亡率が高い17〜18世紀は、後継者がいなくなるリスクを負うことになる。日本の江戸時代のように、社会保障制度が整っていないような状況では、子どもがいないと老いたときに養ってもらえないという事態を引き起こす。したがって、普通ならば嬰児殺しはしないはずである。しかし日本では、養子縁組が制度として存在していた。江戸時代の殿様の中に養子がかなり多いことは知られているが、実際、養子縁組が容易だと、子どもという血縁の後継者がいなくても、養ってくれる人が誰もいないという事態は避けることができるのである。

15世紀以降の歴史の発展やそれによる文化差については、偶然あるいは局所的、人為的な影響が大きく、地勢的・気候的・生態的要因からすべて説明するには無理があるかもしれない。しかし、いったん安定した豊かさを得ると出生率が抑えられるという点は、現代でも見られる普遍的な原理なのかもしれない。日本の江戸時代は、享保、天明、天保と飢饉が多く貧しかったイメージが強いかもしれないが、前工業期の世界的基準から見ると、飢餓で死ぬ人は比較的少なく、また戦乱も全くなく、流通の発達により食の文化も形成されるという、比較的豊かな時代だったのである。

マクファーレンのこの分析は、19世紀の亡霊を呼び起こすことになるかもしれない。それは、嬰児殺しに見られるように、日本人は倫理的に劣っているのかもしれないという懸念である。6章で述べた、ベネディクト（Benedict, 1946）が提唱した、西洋の「罪の文化」に対比される日本の「恥の文化」を思い出し、日本人には倫理的な罪の意識が欠如しているのかもしれないという心配をしてしまうかもしれない。しかし、6章の民族差と遺伝子の関係の箇所で述べたことと関連するが、出アフリカ以降、ボトルネックによって「倫理観が欠如した人だけが生き残った」ということは、かなりありえないことである。6章では、思考の民族差は遺伝子頻度による差異ではないと主張しているが、同じように民族の性格の差異も、遺伝子頻度による差異ではない。

これを説明する例として、ヴァイキングを取り上げよう。ヴァイキングとは、800〜1050年ごろ、西ヨーロッパ沿岸を襲撃・侵略した、バルト海やスカンジナビアに住む武装集団である。子孫は、現在のノルウェー、スウェーデン、デンマークに住む人々である。彼らが、自分たちには勇敢なヴァイキングの血が流れていると誇りに思うかどうかは別として、その後はほとんど戦争や侵略を仕掛けることはなく、また、相互扶助をモットーとする高福祉国家を作り上げている。彼らは、民族として、勇敢で攻撃的な性格なのだろうか。もしそうだとすれば、現在の高福祉国家としての相互扶助の他者への優しさは偽りなのだろうか。

ヴァイキングは、その多くが農民または漁民で、8〜10世紀の北欧は、貧しい土壌と不安的な気候で、農業による安定した食糧確保ができなかった。しかし幸い、トナカイなどの動物や森林資源が豊富なので、大きな船を建造して毛皮を主産物として他のヨーロッパの人々と交易を行なうことによって利益を得ることができた。これで不作の年をしのぐことができる。しかし、交易が不調に終わったときは、武器をとって略奪を行なった。この頃は、ヨーロッパの国々の王権も強くなく、略奪の対象になったキリスト教寺院などは、軍事的に無防備に等しかったので、略奪が容易だったのである。しかし略奪も、戦略としてリスクが高くなると用いられなくなる。王権が強くなり、被略奪側の軍備が整ってくると、これは次第に不利な戦略になっていった。

略奪行為に代わって用いられたのが、相互扶助という戦略である。不安定な気候条件で、農業生産が十分ではない年があっても、そのときにたまたま豊かだった他の地域の農民が食料や作付けなどの援助を行なうという社会契約が成立すれば、不安定な気候でも相互に生き残ることができる。こうして、１８６６年に世界で初めての農業協同組合がデンマークにおいて結成されたが、この相互扶助という考え方が、現代の高福祉国家に結びついているのである。したがって、略奪と相互扶助は、不安定な気候に対処する戦略の裏表であり、北欧の人々に好戦的な血が流れているという解釈は明らかに誤りであると言える。「民族の血」といった誇りで勇気が奮い立つ場合もあるかもしれないが、現実には誤っていると言えよう。

この例は、民族差と考えられる多くの現象・集団的行動が、その時点での自然的、生態的要因によって生じていることを雄弁に語っている。北欧の人々は、現在では高福祉国家を形成して平和に暮らしており、ヴァイキングとしてヨーロッパを荒らしまわった民族の子孫とは思えないほどである。しかし、略奪行為も、高福祉も、不安定な気候という厳しい自然条件への適応の裏表であり、どちらが選択されるかは些細な条件次第なのである。

7-3 比較文化の心理学における社会生態学的アプローチ

現在、心理学においても、ビッグ・ヒストリーの影響を受けて、文化差の第三の説明法である、社会生態学的アプローチと呼ばれる研究が始められるようになった。このアプローチの概要は、大石とグラハム（Oishi & Graham, 2010）や竹村と佐藤（2012）の論文にまとめられているが、気候や地勢などの物理的環境や社会的・経済的環境と、文化、および人間の精神という三者関係でとらえていこうというものである。彼らの分類とは多少の差異はあるが、図7-1に、本書で扱う社会生態学的アプローチを示した。この図では、左に、生態的要因と地勢的要因と最も密接に結びついたレベルの変動因、真ん中に社会集団レベルでの差異、右に個人の精神レベルでの文化差が示されている。これまでの、文化差を説明する社会心理学では、主として、社会集団レベル（文化）から個人レベル（認知的特徴など）への説明が多かったのだが、たとえば、このような社会集団レベルの差異がなぜ生じてきたのかについての言及は少なかった。換言すれば、たとえば個人主義あるいは集団主義という価値観を共有して、そのような集団を形成することが、いったいどのような生態的地勢的条件に合致していたのかという議論があまりなかったのである。

西洋と東洋の文化比較を行なうとき、狩猟の伝統を受け継ぐ個人主義的な西洋人と、農業の伝統下にある集団主義的な東洋人という言説をときどき見かける。しかし、農業の開始以降、ヨーロッパ

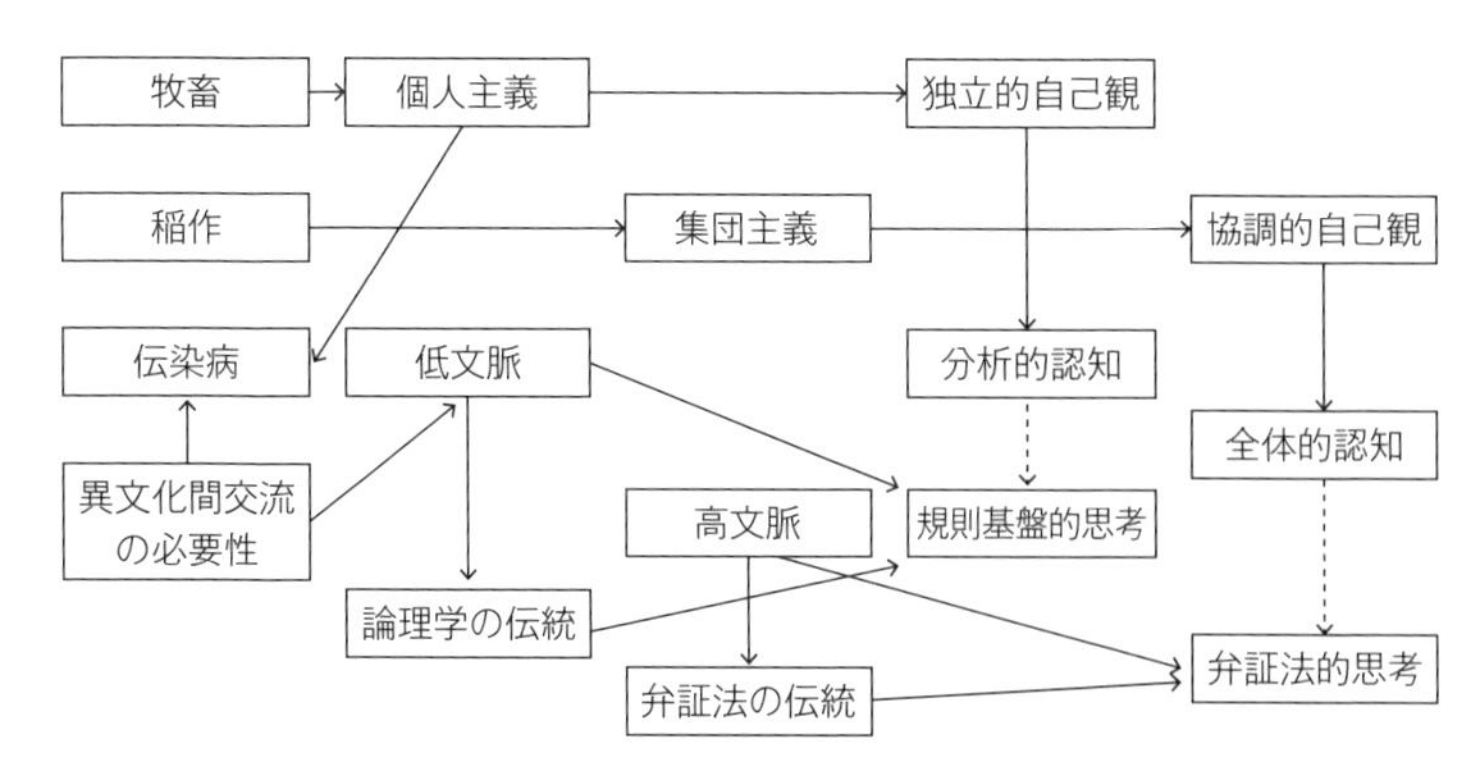

図7－1　生態的要因、文化的要因、個人の精神的傾向の関係
本書で触れた生態的要因、文化的要因、個人の精神的傾向の三者関係をおおまかに表現したもの。破線は、その結びつきについて疑義があることを示している。

では、北極圏を除いては狩猟で生計を立てるという人は非常に少ない。またシベリアや東南アジアの先住民を考慮すれば、狩猟採集民はむしろアジアで多かったはずで、明らかにこれは俗説である。もう少し信頼できる説明に米作がある。東洋では米作がよく行なわれていて、米作は麦作と異なり、灌漑などが必要であり、そのためには集団の協力がより必要である。したがって、東洋において、集団主義文化が生まれたという説明である。ただしこの説明に対し、周辺国に影響を与えた中国の文化の起源は、黄河周辺のむしろ米作をしていない地域ではないかという批判があった。この批判を、大規模な調査によって覆し、改めて米作集団主義仮説の証拠を示したのが、タルヘルムほか（Talhelm et al., 2014）の研究である。この研究では、自分と周囲の人間の関係を表わす質問や、認識の傾向が全体的か分析的かを測定する質問が、中国の多くの地域の人々に課せられ、その地域で何を作っているか、その地域で伝染病が流行りやすいか否かなどの指標とともに検討された。その結果、北部の小麦を作っている地域よりも、南部の米を栽培している地域に住む人々に、集団主義的で全体的認知の傾向が強かったのである。この境界は、ほぼ揚子江に沿っていた。

タルヘルムの研究では支持はされなかったのだが、実は、伝染病も文化にかかわっていると考えられている。やはり社会生態学的アプローチにのっとっているフィンチャーほか（Fincher et al., 2008）の研究は、伝染病と個人主義・集団主義の関係を示している。彼らによれば、集団主義には、自分たちの集団とそれ以外を区別・差別する傾向が強く、よそ者を排除しやすい。さらに、集団調和のために伝統を守っていくという姿勢が顕著である。このことは、外部からの伝染病を遮断するのに好都合であろう。彼らは、多くの国をサンプルとして個人主義・集団主義の程度と伝染病流行の記録との関係を調べたが、彼らの予想どおり、集団主義傾向が強い国において伝染病の流行は少なかったのである。ただし、彼らの研究は、社会集団レベルの文化が、伝染病の流行に影響を及ぼしたという推論であり、集団主義文化や個人主義文化がどのような生態的な要因から形成されたのかという議論ではない。そして、彼らの仮説は、タルヘルムほかによる中国国内に限定した調査では支持されていない。

では本書のテーマである、日本人あるいは東洋人の弁証法的な思考傾向について議論しよう。6章において、ホール（Hall, 1976）の西洋の低文脈文化・東洋の高文脈文化という区分が、思考の文化差を説明するのに有望であると述べた。実は、彼のこの理論は、生態的あるいは地勢的要因と容易に結びつけることが可能である。彼の理論は、心理学よりもグローバルコミュニケーションとビジネスの分野において注目されているが、この分野ではまだ地勢的・生態的な説明を求めるという潮流は大きくはない。地勢的・生態的説明と結びつける鍵の一つがグディカンスト（Gudykunst, 1991）の、異文化コミュニケーションについての主張である。彼は、異文化コミュニケーションをする場合には、自身の文化内でのみ共有されている常識あるいは文脈を使用することができないことを指摘し、低文脈文化の人々にしろ、高文脈文化の人々にしろ、異文化コミュニケーションでは、最もハイレベルの低文脈的なコミュニケーションが必要とされることを強調した。つまり、暗黙のうちに共有できていない情報はすべて明示しなければならないのである。時差が異なる地域への国際電話では、「今何時ですか?」という質問だけでは、どの地域の時間なのかがわからない。低文脈文化とは、常に異文化コミュニケーションに似たコミュニケーションが行なわれているという点が鍵なのである。そして、人々がそのようなコミュニケーションに慣れていることは、低文脈文化には異文化交流的な要素があるということなのである。

ここで、あなたは、「そういえば、日本は単一文化的あるいはそれに近い国だ」と思いつくかもしれない。では、西洋はどうなのだろうか。日本ほど単一文化的ではないということは、多くの人が同意するだろう。この多文化的か単一文化的かという違いは、地勢的・生態的要因と容易に結びつく。多文化的であるための条件は、生態的に自給自足が成り立たなくて異文化交流が常に必要な文化的状況である。農業生産物や資源の分布が均一ではなく、このような地域は、他文化地域との交易が必要なのである。しかし、交易が頻繁になると、互いに交易をしている異文化集団同士が次第に単一文化的になってくる。したがって、低文脈文化のもう一つの要因は、その交易の結果、大きな一つの文化にまとまってしまわないような地勢的要因ということになるだろう。

紀元前5世紀前後は、世界のいくつかの地域で同時並行的に哲学や宗教において革新があった時期である。ギリシャでは哲学、中国では儒教などの諸子百家、インドではウパニシャッド哲学や仏教、イランではザラスシュトラ（Zoroaster）のゾロアスター教が生まれ、パレスチナではイザヤ（Isaiah）などの預言者が現われた。この時期をヤスパース（Jaspers, K. T.）は、後の時代の思想・思考の軸になるものであるとして、枢軸時代（Axial Age）と呼んでいる。

ここでは、これらのうち、古代ギリシャと中国を比較してみよう。古代ギリシャは、これらの条件を満たしている典型的な地域である。主な農業は牧畜であり大麦や小麦が栽培されていたが、紀元前4世紀ごろのアテネの食料自給率は、約40パーセントと推定されている（Hansen, 1999）。これは、現代の日本とほぼ同じ水準で、アテネの人々は、小麦をボスポラスから、木材をマケドニアから輸入していた。しかも、古代ギリシャは、点在するわずかな平地に都市国家を作り上げていて、交易は盛んなのだが地勢的に単一文化的統合が行なわれにくいという条件が整っていた。古代ギリシャの人々が低文脈文化を築き上げていたかどうかは、確実な証拠があるわけではない。しかし、この文化の中で効果的なマインドウェアとして作られたのがアリストテレスの論理学である。3章でも紹介したように、ここで考案された演繹という道具は、対話や議論の中で、どのような文脈においても真偽について矛盾を生じさせないために用いられたのである。この文化的伝統は、古代ローマに受け継がれた。

ローマの場合は、地中海を舞台にした大規模な交易であり、ローマ人やフェニキア人がその主役となった。フェニキア人によって考案された文字がその後ヨーロッパで普遍的に用いられるようになった背景には、低文脈文化で交易をするのに共通の道具の必要性があったと推定できる。地中海を取り囲むようにローマ帝国は形成されたものの、やはり地勢的な要因から、単一文化的な国家にはなりにくかった。また、属州の人々がローマの文化をそのまま受け入れるわけではなく、また、さまざまに異民族が侵入してきてローマ帝国の一部になったりもした。しかし、そのような中で交易や租税徴収のために必要だったのが、ローマ法である。ローマ法は、元来は現代のイタリアに相当する地域でのローカルな法律であった十二表法が、属州においても通用するように普遍化されていったものである。この普遍化は、文化的背景が異なる人々に適用できるようにするためであり、低文脈文化でのコミュニケーションの特徴でもある。

これと対照的な地域が、弁証法の文化的伝統を生み出した中国である。古代中国でも、さまざまな異文化集団が交易を行なっていただろうが、広大な平原を中心に比較的単一的な文化に統合されていった。もちろん、異民族の侵入を受けたりもしたが、唐や明に至る歴史は、漢民族を中心とする漢化の過程であるととらえることができるのである。このような状況では、高文脈文化が育まれやすい。この漢化の過程について、井上（2011）は、広州の珠江流域における少数民族の漢化を例にして説明している。まず中国は、黄河、揚子江など、大河を中心に文化集団ができたが、珠江流域はその一つである。ただし、周囲に少数民族が比較的多く、他の地域と比べて漢化は主として明代という遅い時期であった。少数民族の反乱等による混乱の中で、山間部への移住・開墾政策、そして、科挙官僚体制へ彼らを組み込むことで漢化が進められていった。これにより、言語、風俗、文化習慣ともに漢化していったのである。また、中国の法律は、ローマ法に比べて成文法的ではなく（紀元前6世紀ごろに鄭の宰相であった子産が初の成文法を作ったが、たいへんな批判をあびた）、刑法としての律と、儒家の徳治主義が反映された令が並立している。とくに令は、解釈が曖昧で、解釈のための文脈が必要なのである。

以上から、低文脈文化が形成・維持される地勢的・生態的要因は、

（1）非自給自足で交易を促進する農業生産物や自然資源の地理的偏在

（2）文化的単一化を促進する河川を中心とする広大な平地がないこと

ということができる。図7-1では、これらを「異文化間交易の必要性」として、生態的要因としているが、さらにこの背景に、上記の（1）（2）のような自然とより結びついた要因を考えることができるのである。

なお、ここではギリシャと中国の例のみをあげたが、他の地域はどうなのだと不審に思われる人も多いかもしれない。たとえば、スウェーデンの片田舎で異文化と接したことがないような人々が本当に低文脈文化なのかとか、低文脈文化とされるドイツの北にはかなり大きな平原があるではないかな

どの疑問である。さらに、一方、日本には広大な平原などないのに高文脈社会というのは奇妙であるという疑問も生ずるかもしれない。

この点については、ヨーロッパではギリシャ・ローマという、東洋では中国という強力な文明を備えた文化が伝播していったためと考えるのがよいだろう。一般に、人々が高度と考える文化は、圧倒的な力で伝搬する。中東で勃興した農業文化が、当時のヨーロッパの人々を圧倒した巨石文化とともに西に伝わっていったことや、米国の大量生産大量消費文化は、あっという間に世界のある程度裕福な国々に伝わっていったことが、代表的な例である。また、マレーシアは、歴史的に交易が盛んな世界でも有数の多民族多文化国家であるが、高文脈文化とされている。これは、儒教文化を持った中国系の人々が多く移住してきたこと、また、異民族同士の交流が非常に不活発であることが理由だろうと言われている。

ごく最近、素朴弁証法を扱った研究ではないが、低文脈・高文脈と関係が深い、社会生態学的な研究が発表されている。ラクロウスカほか（Rychlowska et al., 2015）は、世界の32ヵ国から、自分の感情などの心の中をどの程度、表情などで表現するのかというデータを収集した。彼らが注目したのは、それぞれの国における文化の歴史的異質性の程度である。いわゆる単一文化的と考えられている国ほど、異質性は低い。彼らの仮説は、歴史的異質性が高い国ほど、感情を明白に表現するという社会的規範が生まれやすいということである。つまり、文化的に異質な人々とコミュニケーションをするために、曖昧な感情表現では、相互理解が困難になるからである。そして、実際、感情表現をはっきりと行なうかどうかは、各国の個人主義・集団主義の程度よりは、歴史的異質性とより関係があるという結果であった。彼らのデータによれば、日本人は感情表現がかなり弱い民族であり、歴史的異質性も低い。感情表現における曖昧さが許容されないのは、素朴弁証法的曖昧さが許容されないということと同じメカニズムで考えることができる。コミュニケーションスタイルという点に着目すれば、文化が低文脈になるほど、メッセージの解釈に暗黙的に共有された知識を使うことができず、そのような曖昧性が忌避されるのである。

8章 終わりに

8−1 文化差の過大視

本書では、主として思考や認知についての文化差を扱ってきた。そして、それを、個人主義や集団主義などの他の次元の文化差、文化的伝統、あるいは、生態的・地勢的な要因に結びつく低文脈・高文脈という区分で説明しようと試みてきた。しかし、研究すべきあるいは考慮すべき文化差とは何なのかという議論は避けている。本書ではとても扱いきれないということがその理由だが、最後に簡単に触れてみよう。現代の世界には、さまざまな文化あるいは文化習慣があり、差異として認識されているものもあればあまり重視されていないものもある。

概して、文化差は過大視される傾向にある。まず、第一の要因は、出版バイアス（publication bias）と呼ばれる現象で、これは、医療の研究において最初に使用された用語である。ある治療法が、効果があるのかどうかについて、効果があるとされた研究結果は論文として医学雑誌で公表されやすいが、否定的な結果が得られた研究は出版されにくい。出版されていない否定的な結果については知ることができないので、これによって、その治療法は効果があると信じられてしまいやすいのである。心理学の研究においても同様のことが言える。たとえば、性差についても、男性と女性で差があったという結果は論文として出版されやすいが、差がなかったという結果は学術誌に採択されにくい。「性差がない」というのも立派な結果のように思えるのだが、測定において何らかの失敗をしてしまって性差が現われなかったのではないかと推定されやすいのである。この、失敗の可能性を否定することが困難だと、論文として出版されにくい。したがって、出版された研究成果だけを眺めていると、心理学において男女の違いは大きいと判断されてしまう。

これが、比較文化になるともっと話がややこしくなる。やはり文化差が見つかったという結果は学術誌に載りやすいが、差がなかったという結果は、心理学実験あるいは測定に問題があったのではないかと見なされやすく、学術雑誌掲載の審査を通過しにくい。また、たとえば、「日本人は個人主義的であった」のように定説とは逆の差が出てしまったものも出版されにくい。やはり測定に誤りがあったのではないかなどの疑義を抱かれるためである。その意味で、文化差を否定するような比較文化データは、論文として発表されないままお蔵入りの状態で多く残されているのではないかと、私自身、個人的にも想像している。また、一般に、「xについて文化差がない」という結果は、測定や実験において不備がないとすれば、「人間はxにおいて文化普遍的である」という主張の根拠になりうる。しかし、この主張を行なおうとすると、2ヵ国や3ヵ国程度のデータ収集ではとても足りないのである。そうすると、たとえば3ヵ国程度から集めたデータにおいて文化差が見られなかったという結果は、いったい何のための比較文化なのかという意義が見出せないということで、やはり学術誌に掲載されにくいのである。

第二の要因は、頻度依存（frequency-dependent）効果による見かけの文化差である。一般に、頻度依存効果とは、ある集団で特定の行動の頻度が増えると、他のメンバーもその行動をとるようになるという現象である。これは、頻度が高い行動、すなわち集団の中の多数の行動を、多くのメンバーが模倣したりすることによって生じ、同調行動や流行もその一種である。たとえば、日本において紺色のスーツが流行し、英国において黒色のスーツが流行しているとしても、そこから、日本人は紺色好きで、英国人は黒色が好きとすぐには判断できない。この流行は、何らかのわずかなきっかけで生じた場合が多いので、比較文化研究というよりは、流行の源泉をたどる調査によって判明する現象だろう。

流行の場合は、まだ紺色あるいは黒色のスーツに対する好みを自覚するかもしれない。しかし、次のような例はどうだろうか。たとえば、エスカレーターなどの移動輸送機器において、歩く人のために関西では左を空けるが、関東では反対である（現在では、危険であるとして歩行は控えるよう奨励されているが）。この現象から、関西の人は右に立つのが好きで、関東の人は左に立つのが好きであると推定することができるだろうか。さらに、英国や米国では右に立つという習慣が確立されているが、このことから、関西の人は関東の人よりも英国人や米国人に似ていると結論づけられるだろうか。これは、非常にばかげた推定であるということは理解できるだろう。これは、その集団の何割かの人々が特定の行動をとると、それ以外の人も同じようにしないと不都合であるという理由によって起きる現象である。つまり、集団の中における頻度に依存して、あたかも集団のパターンのような行動になるということで、頻度依存効果と名づけられている。つまり、わずかの違いで見かけの文化差が大きくなり、それが過大視につながるのである。

集団心理や群集心理も頻度依存効果の一種である。集団心理は、集団を構成する人々のさまざまな感情や観念が、同一の方向に収束していく心理的機制を表わし、集団の情念や判断と個人のものとが重なってしまっている状態を指す。サッカーの観客が暴徒化したり、太平洋戦争時の「一億玉砕」のスローガンに人々が洗脳されてしまったりする例が当てはまる。ただし、これらは、純粋に頻度のみによって生ずるとされる頻度依存効果とは明らかに異なっている。たとえば、バーゲン会場の例を想定してみよう。客が節度ある行動をとっているような状況では、おそらくあなたも先を争うようなことはしないだろう。ところが、残っている品物よりも客の数が多くなり、何名かの客がわれ先に品物に殺到するようになると、あなたもそうしないととてもバーゲン品を手に入れることができない状況に陥る。みっともないなと思いながら渋々とその争いの中に入るとすれば、それは、先を争う人の頻度によるものなので、純粋な頻度依存効果である。集団心理は、これに加えて、バーゲン品を入手することの価値が周囲の影響で過大に大きくなり、先を争うことが情念になってしまって、そのような行動を止めることができないような状況で生じていると言える。したがって、集団心理には、単なる頻度依存以上の、洗脳のようなメカニズムが作用していると言える。

以上から、私たちは、本当にそのような文化差が存在するのかどうかということを見極めることが重要で、さらに、その文化差が頻度依存によって生じているならば、文化差として扱うよりは、その頻度依存のメカニズムを明らかにするほうが妥当な研究戦略である。エスカレーターで右を空けるか左を空けるかのような例は典型的なもので、誰もこれを民族の性格の差であるということに帰着させない。バーゲンの例は、人間の競争性である。日本人は、競争的でストレス社会であると言われるが、競争も頻度依存の影響を受けやすい。つまり、ある集団において何名かの競争的なメンバーが現われ、その集団の中の限りがあるパイを争うようになると、競争が嫌いなメンバーも自然と競争的にならざるを得ない。そうすると、その集団は競争的であると見なされやすいが、実は、その差はわずかであることが多いのである。あなたにも、妙に競争的な人が多くてギスギスしていて嫌だなと思っていた集団を抜けて、別の集団に移るとほっとするという経験がないだろうか。そのような場合でも、前者の集団のメンバーがすべて競争的な性格を持っているのかというと、決してそうではないことが多いのである。

したがって、実は、本書で扱った「日本人は非論理的か？」という問題も、出版バイアスや頻度効果を考慮する必要がある。本書では、主として日本人が非論理的であるとするならば、それは、中国からの文化的伝統あるいは日本語が持つ言語的な習慣、さらには高文脈的な文化の影響のためであるとされる素朴弁証法的思考傾向によるものであると推定した。矛盾したものを両立させうるという点で、命題論理学的ではないが、命題論理学自体が必ずしも合理的であるとは言えず、その意味で、素朴弁証法は非合理的な思考であるとは言えないと結論づけられる。ましていわんや、日本文化の後進性あるいは日本人の民族としての知能の低さということとは到底結びつけることはできない。

さらに、4章で述べた素朴弁証法的思考傾向についても、日本人を含めた東洋人が本当にそうなのかどうかは、実はまだ確実ではない。その理由が出版バイアスである。この点は推定でしかないが、少なくとも私を含めた何名かの研究者の、予想よりも文化差が得られないという比較文化研究の悪戦苦闘を眺めていると、出版バイアスによって東洋人のこの傾向が過大視されているように思える。国際誌には多くの文化差についての論文が発表されているが、それと同じくらいの「差がなかった」という研究データがお蔵入りしている可能性は否定できない。また、4章で記したように、ペンとニスベット（Peng & Nisbett, 1999）の実験結果は、あまり再現されていないし、少なくとも、二つの矛盾した意見から折衷的な結論を導くという傾向は、東洋人において強いということは必ずしも言えないようである。

それでは頻度依存効果についてはどうだろうか。弁証法的思考については、周囲の多くの人がそのようにしているから自分もという傾向は比較的少ないと思われる。しかし、弁証法的思考傾向が賢明であるという価値観や、弁証法的思考傾向を説明する概念、つまり本書では、集団主義、協調的自己観、文化的伝統、高文脈文化を説明の候補として紹介したが、これらは、多かれ少なかれ頻度依存の影響を受けているだろう。集団主義と文化的伝統は、とくに頻度依存的である。つまり、多くの人が集団主義的になっているような状況では、集団主義的な行動をとらないと不適応である可能性が生ずる。たとえば、ある集団において80パーセントの人がその集団に忠誠的である場合、忠誠心を示さなければ、その集団において疎外されたり、場合によっては排除されたりする可能性がある。その場合には、忠誠心が低くても、忠誠心を高めたり高いふりをしたりしなければならない。日本が集団主義的な文化なのかどうかについて、完全に支持されているわけではないが、仮にそうであったとしても、少なからず過大視されているだろう。

8-2 日本人論として

本書は、タイトルからは日本人論のような印象を受けるかもしれないが、いわゆる日本人論をめざしたものではない。日本人論は、アジアにおいて19世紀の半ばまでオランダを除く西洋諸国から門戸を閉ざしており、世界でよく使用される英語やフランス語とかけ離れた言語を用いている日本人が、なぜ短期間に世界のトップクラスの産業国になったのかという問題に解答を求めるべく書かれたものがほとんどである。この産業や経済の発展について、実は西洋の真似ばかりでうわべだけのものだと卑下してみたり、逆に、その秘密を日本古来の文化に求めたりと多彩である。ただし、船曳（2010）によれば、日本人論は、その多くが比較文化の専門家によって書かれたものではない。そして、明治以降に生きる日本人のアイデンティティの不安を、日本人とは何かを説明することで取り除こうとする性格を持つという仮説を掲げ、その説明のための日本人論を、書かれた時期や視点によって分類している。この不安は、西洋に対して後進的であるとされるアジアにおいて産業国になったという特殊性に由来しており、日本が敗戦や経済の退潮によって危機に陥ったときには「やはり日本はアジアの国だ（そして西洋よりも劣るのだ）」と、国運が好調なときでも「これがいつまで続くのか」と、鎮まることがない。

実は、多くの日本人論は、厳密な科学的比較文化研究によって得られたものではない。時には海外の様子をちょっとだけ観察した後のエッセイのようなものまでも日本人論として一括されることもある。ひどいものになると、デワの守丸出しで、日本人あるいは日本文化を貶めておいて、「私はあなたたちのような劣った日本人とは違う」というものもある。このような「日本文化論」に対しては、その学問的妥当性に疑問ないしは批判が加えられて来た。ベフ（1997）は、そのような意味で、多くの日本文化論あるいは日本人論はイデオロギーにすぎず、大衆消費財のようなものであると断罪している。そのような書籍の多くが、方法や調査の点で厳密性を欠き、しばしばイデオロギーとして機能してきたことも事実であるからだ。あるときは日本の後進性の主張の根拠となり、またあるときは日本人のナショナリズムを刺激してきた。どちらの側においても、程度の差こそあれ、サイード（Said, 1978）のオリエンタリズムを引きずっているように思える。19世紀の亡霊は、とくに後進性を主張する側面において顕著だが、武士道などの日本の思想的伝統や文化的伝統が西洋とは異質であるとして、その中に日本だけがアジアで近代化することができた鍵を探そうという試みも、オリエンタリズムの一側面かもしれない。また、そのような議論は、実証性を欠くものがほとんどである。日本の思想的伝統や文化的伝統を研究すること自体は、非常に価値があることだとは思うが、そこから、日本の特殊性や独自性を主張すると、胡散臭いイデオロギーあるいはナショナリズムに結びついてしまう。

その意味で、私は、本書が日本人論の中に組み入れられることを望んではいない。日本人に西洋人とは異なる思考の傾向があるかもしれないという点は指摘しているが、それが後進性の現われであると主張したり、何か日本人に神秘な力があるような意味合いを込めたりは、絶対にして欲しくないことである。

日本人は特殊なのだろうか。特殊と言えば、ほとんどの国の人々は特殊である。ヨーロッパの島国として英国は産業革命を起こし、一方同じ島国のアイルランドは英国に土地をかなり奪われ、ドイツはヨーロッパの中では後進的だが医学を発展させた。トルコは大帝国から小アジアの小国になったが、イスタンブールという旧キリスト教文化圏の中心の一つを領有している。アルメニアは紀元前1世紀に大帝国を造ったが、その後大国に翻弄されつつ独自の文化を守っている。マリはサハラの真ん中にあって地中海とギニアを結ぶ通商で栄え、エチオピアはアフリカの数少ないキリスト教国である。タイは独自の仏教文化を栄えさせ、マレーシアは海上通商から多文化社会を作り上げたが、なぜか高文脈文化的と言われている。太平洋の島嶼国は、7万年の人類大移動史の中では比較的最近の移住者で、カヌーで海を渡った人々の子孫であり、やはり特殊な文化を創り上げている。また、アメリカ先住民はベーリング陸橋（ベーリング海峡は、氷河期には陸であった）を渡り、カナダの氷床を超えて南下した最もフロンティア精神に溢れた人々の子孫である。どれといって、特殊ではない文化はない。生態学的なアプローチは、これらの文化を特殊と考えず、まず人間は生態的条件にどのように適応するのかという普遍的な法則を見出し、そして何らかの生態学的な適応のために文化が形成され、それらの文化のうち、人々により利益をもたらす文化が伝播していった結果として説明しようとするものである。したがって、通俗的な日本人論とは相容れないものなのである。

日本人の特殊性の一面として、あなたを含めた多くの人は、日本人は自然を愛する民族であると信じていないだろうか。そして、これは日本人特有の美徳であると思っていないだろうか。この思い込みは、西洋では自然をコントロールするための科学が発展したが、東洋での思想は自然と調和することを求めたという対比と合致する。そして、地球上での多くの環境破壊は西洋人によるものなので、環境問題が重視されるようになった今こそ日本人の英知が必要だという主張と出会うと、何となく納得してしまわないだろうか。実際、日本は人口が多いにもかかわらず森林の占める割合が高い。森林は生物多様性を支えるために重要で、その面積割合は、自然が豊かかどうかの指標の一つである。これは、日本人が自然を愛する民族の証拠となるだろうか。

鬼頭（2002）に紹介されている例だが、実際、日本は江戸時代の前期に大きな森林破壊危機に見舞われている。戦国時代が終わり、江戸時代になると人口も増えて町が発達し、材木の需要が増大したためである。とくに、1657年の明暦の大火によって江戸の半分が消失した後、需要はピークに達した。その需要を満たすべく山林が伐採され、森林は大きな危機を迎えたのである。ところがその後、みごとに復活して現在に至っている。

これは、世界における歴史上の文明の存続と滅亡の違いを記したダイアモンド（Diamond, 2005）によっても紹介されている成功例である。概して、森林破壊は、共有地の悲劇をどのように避けるかが重要な問題である。共有地の悲劇とは、ハーディン（Hardin, 1968）が提唱したもので、共有地における牧草や樹木などの再生産可能な資源を、個々の人々が自分の利益を最大にしようとすると、再生産不可能になるまで乱獲されてしまって資源が枯渇するという経済学における法則である。これを防ぐためには、共有するメンバーが、道徳的に自制するか、強力な法制によって取り締まるかどちらかである。

江戸時代の森林再生の成功の第一の理由は、この共有地の悲劇を幕府主導によるトップダウン的な森林の管理統制によって防いだという点である。また、儒教的な道徳教育によって、資源の乱獲を戒めることも行なわれた。第二の理由は、森林伐採による被害が非常に目に見える形で現われたという点である。日本の山々は急峻で、山地の樹木を伐採することによって、土砂崩れや水害などの災害が頻発するようになったのである。伐採による災害が非常に明らかなので、幕府や藩も森林保護に本腰を入れるし、また、人々への道徳教育も受け入れられやすかったのだろう。もし、被害が目に見えにくければ、このような政策はなかなか実を結ばない。第三の有利な点は、日本列島が比較的温暖で湿潤であり、また火山島でユーラシアから黄砂が飛来するという点である。火山は地下から植物の生育に有利な物質を地表にばら撒き、中国から飛来する黄砂は肥沃なのである。したがって、森林を伐採した後であっても、それを再生させるという点で非常に有利だったのである。このように説明されれば、日本人が森や木を始めとする自然を愛する民族だったので森林を守ることができたという説明は、おそらくかなりこじつけであるということがわかる。実際、スマトラ島を始めとする東南アジアの熱帯雨林の破壊に日本企業がかなり関係しているという事実を照合すれば、とても自然を愛する民族とは言いがたいと思える。さらに、実は、幕府は森林伐採を統制すると同時に、森林からの利益に代わるものとして、アイヌとの交易を大幅に拡大させた。アイヌからはサケの燻製やシカの皮などが輸入され、米や綿などがアイヌにもたらされた。その結果、サケやシカは激減し、北海道の自然破壊となって自給自足のアイヌは急激に人口を減らしていった。これは、特定の自然を守るために、別の自然が損なわれるという典型的な例なのである。

　日本人と異なって西洋人は自然を統制や征服の対象としているという言説も、非常に疑わしい。シュヴァルツヴァルト（黒い森）と呼ばれる、総面積約５０００平方キロのドイツの森林は、グリム童話にも登場するドイツ人の魂の故郷のような場所である。森の多くは植林されたドイツトウヒの木であり、その他、樫やブナも生育している。この森で、第二次世界大戦後、酸性雨の被害によって、多くの木々が枯死したのである。酸性雨は、英国やフランスにおける大気汚染の結果である。このような状況から、環境問題への本格的な取り組みが進んでいき、１９８０年代以降、緑の党と称される環境政党の台頭の引き金にもなった。緑の党は、脱原発・風力発電の推進・二酸化炭素の削減などにも取り組んでいる。環境問題に特化した主要な政党が生まれたという事実は、西洋人が相対的に自然を愛していないという言説への強力な反証例だろう。

本書では、日本人を含めた東洋人が、弁証法的な思考傾向にあるのではないかという主張を行なっているが、東洋人の神秘的な能力が発露したものという印象は持って欲しくない。サイード（Said, 1978）によれば、これもオリエンタリズムの一種で、19世紀の亡霊が形を変えたものである。このような神秘主義的な発想は、日本人に対する偏見的なステレオタイプをより強めてしまうだろう。たとえば、２００３年に封切られた米国映画の『ラストサムライ』において、新政府に反乱を起こしたラストサムライたちが、絶望的な戦況の中で、集団自殺的な突撃を敢行する場面がある。このシーンから、多くの人々は、太平洋戦争時の日本軍のバンザイ突撃を思い出しただろう。そして日本軍のバンザイ突撃には、このような高貴さがあったのかと「理解を深めた」米国人もいたかもしれない。しかし、この映画は、モリス（Morris, 1971）の歴史ドキュメンタリー（邦題『高貴なる敗北――日本史の悲劇の英雄たち』）からインスピレーションを得たもので、描かれているのは、尊敬できるかもしれないが理解しにくい神秘の民族という日本人像である。船曳（2010）は、サムライも、オリエンタリズムの枠組みによって、優位に立つ西洋が劣位にある異国の男たちを見るときのステレオタイプに当てはまると解釈し、一種の「高貴な野蛮人」であるという見方がとられていると考えている。「高貴な野蛮人」は1章で述べたが、文化相対主義者が提案したもので、もともとは平和に暮らす人々のイメージを持つ。ただしここでは、野蛮で勇敢なのだがそれなりに高貴という解釈で用いられている。

本書は、このような神秘主義を掲げるものではない。19世紀の亡霊にいまだとり憑かれている日本人に対して、「確かに思考スタイルの違いはあるかもしれないが、それは、何らかの文化的適応の結果であり、そこには民族の優劣も、神秘主義も入る余地はない」というメッセージを送るために書かれたものである。そのために、実証的データを重視し、文化的伝統も考慮はするものの、より生態学的な説明を好んだ。これだけではとても19世紀の亡霊に引導を渡すことはできないかもしれないが、出没の回数くらいは減らすことができるのではないかと願っている。

索　引

■あ　行

■か　行

■さ　行

■た　行

引用文献

浅野裕一 (1998)『墨子』講談社

Atran, S., & Medin, D. L. (2008) *The native mind and the construction of nature*. Cambridge, MA: MIT Press.

Bagozzi, R. P., Wong, N., & Yi, Y. (1999) The role of culture and gender in the relationship between positive and negative affect. *Cognition and Emotion, 13*, 641-672.

Bar-Yosef, O. (1998) The Natufian culture in the Levant, Threshold to the origins of agriculture. *Evolutionary Anthropology, 6*, 159-177.

ベフ・ハルミ (1997)『イデオロギーとしての日本文化論』思想の科学社

Belfer-Cohen, A., & Bar-Yosef, O. (2002) Early sedentism in the Near East: A bumpy ride to village life. In I. Kuijt (Ed.), *Life in Neolithic farming communities social organization, identity, and differentiation*. NY: Kluwer Academic Publishers, Pp.19-38.

Benedict, R. F. (1934) *Patterns of culture*. New York: Houghton Mifflin.〔米山俊直（訳）(1973)『文化の型』社会思想社〕

Benedict, R. F. (1946) *The chrysanthemum and the sword: Patterns of Japanese culture*. Boston: Houghton Mifflin.〔長谷川松治（訳）(1967)『菊と刀 ── 日本文化の型』社会思想社〕

Bloom, A. H. (1981) *The linguistic shaping of thought: A study in the impact of language on thinking in China and the West*. Hillsdale, NJ: Erlbaum.

Boas, F. (1911) *The mind of primitive man*. New York: Macmillan.

Cheng, P. W., & Holyoak, K. J. (1985) Pragmatic reasoning schema. *Cognitive Psychology, 17*, 391-416.

Choi, I., & Nisbett, R. E. (2000) Cultural psychology of surprise: Holistic theories and recognition of contradiction. *Journal of Personality and Social Psychology, 79*, 890-905.

Cole, M., & Scribner, S. (1974) *Culture and thought: A psychological introduction*. New York: Wiley.

Cosmides, L. (1989) The logic of social exchange: Has natural selection shaped how humans reason? Studies with the Wason selection task, *Cognition, 31*, 187-276.

Cummins, D. D. (1998) Social norms and other minds: The evolutionary roots of higher cognition. In D. D. Cummins, & C. Allen (Eds.), *The evolution of mind*. New York: Oxford University Press. Pp.30-50.

Daly, M., & Wilson, M. (1988) *Homicide*. New York: Aldine de Gruyter.〔長谷川眞理子・

長谷川寿一（訳）(1999)『人が人を殺すとき ― 進化でその謎をとく』新思索社〕
Diamond, J. (1997) *Guns, germs, and steel*. New York: W. W. Norton & Company.〔倉骨彰（訳）(2000)『銃・病原菌・鉄 ― 1万3000年にわたる人類史の謎』草思社〕
Diamond, J. (2005) *Collapse: How societies choose to fail or succeed*. London: Penguin.〔楡井浩一（訳）(2005)『文明崩壊 ― 滅亡と存続の命運を分けるもの』草思社〕
土居健郎 (1971)『甘えの構造』弘文堂
Dunbar, R. I. M. (1996) *Grooming, gossip and the evolution of language*. Cambridge, MT: Harvard University Press.〔松浦俊輔・服部清美（訳）(1998)『ことばの起源 ― 猿の毛づくろい、人のゴシップ』青土社〕
Ennis, R. H. (1987) A taxonomy of critical thinking dispositions and abilities. In J. B. Baron, & R. J. Sternberg (Eds.), *Teaching thinking skills: Theory and practice*. New York: W. H. Freeman, Pp.9-26.
Evans, J. St. B. T. (1989) *Bias in human reasoning: Causes and consequences*. Hove: Psychology Press.〔中島実（訳）(1996)『思考情報処理のバイアス ― 思考心理学からのアプローチ』信山社出版〕
Evans, J. St. B. T., Handley, S. J., & Over, D. E. (2003) Conditionals and conditional probability. *Journal of Experimental Psychology: Learning, Memory, and Cognition, 29*, 321-335.
Evans, J. St. B. T., & Over, D. E. (1996) *Rationality and reasoning*. Psychology Press.〔山祐嗣（訳）(2000)『合理性と推理』ナカニシヤ出版〕
Evans, J. St. B. T., & Over, D. E. (2004) *If*. Oxford, UK: Oxford University Press.
Fincher1, C. L., Thornhill, R., Murray, D. R., & Schaller, M. (2008) Pathogen prevalence predicts human cross-cultural variability in individualism / collectivism. *Proceedings of the Royal Society B, 275*, 1279-1285.
Flynn, J. R. (2012) *Are we getting smarter?: Rising IQ in the twenty-first century*. New York: Cambridge University Press.〔水田賢政（訳）(2015)『なぜ人類のIQは上がり続けているのか？ ― 人種、性別、老化と知能指数』太田出版〕
Fodor, J. A. (1983) *The modularity of mind*. Cambridge, MA: MIT Press.〔伊藤笏康・信原幸弘（訳）(1985)『精神のモジュール形式 ― 人工知能と心の哲学』産業図書〕
Freeman, D. (1983) *Margaret Mead and Samoa: The making and unmaking of an anthropological myth*. Cambridge, MT: Harvard University Press.〔木村洋二（訳）(1995)『マーガレット・ミードとサモア』みすず書房〕
Friedman, M., Chen, H-C., & Vaid, J. (2006) Proverb preferences across cultures: Dialecticality or poeticality? *Psychonomic Bulletin and Review, 13*, 353-359.

船曳建夫 (2010)『「日本人論」再考』講談社

Furnham, A., & Ribchester, T. (1995) Tolerance of ambiguity: A review of the concept, its measurement and applications. *Current Psychology: Developmental, Learning, Personality, Social, 14*, 179-199.

Geary, D. C. (2005) *The origin of mind: Evolution of brain, cognition, and general intelligence*. Washington, DC., US: American Psychological Association.〔小田亮（訳）(2007)『心の起源 —— 脳・認知・一般知能の進化』培風館〕

Gigerenzer, G., & Hoffrage, U. (1995) How to improve Bayesian reasoning without instruction: Frequency formats. *Psychological Review, 102*, 684-704.

Grice, H. P. (1975) Logic and conversation. In P. Cole, & J. L. Morgan (Eds.), *Syntax and semantics 3: Speech acts*. London: Academic Press, Pp.41-58.

Griggs, R. A., & Cox, J. R. (1982) The elusive thematic materials effect in Wason selection task. *British Journal of Psychology, 73*, 407-420.

Gudykunst, W. B. (1991) *Bridging differences: Effective intergroup communication*. Newbury Park, CA: Sage Publications.〔ICC研究会（訳）(1993)『異文化に橋を架ける —— 効果的なコミュニケーション』聖文社〕

Hall, E. T. (1976) *Beyond culture*. Garden City, NJ: Anchor Books/Doubleday.〔岩田慶治・谷泰（訳）(1993)『文化を超えて』阪急コミュニケーションズ〕

Hall, E. T., & Hall, M. R. (1990) *Understanding cultural differences*. Yarmouth, ME: Intercultural Press.

Hansen, M. H. (1999) *The Athenian Assembly in the age of Demosthenes: Structure, principles, and ideology*. New York: University of Oklahoma Press.

Hardin, G. (1968) The tragedy of the commons. *Science, 162*, 1243-1248.

Henle, M. (1962) On the relation between logic and thinking. *Psychological Review, 69*, 366-378.

Hinds, J., (1986) Reader versus writer responsibility: A new typology. In U. Connor, & R. B. Kaplan (Eds.), *Writing across languages: Analysis of L2 text. Reading*, MA: Addison-Wesley, Pp.141-152.

Hofstede, G. (1980) *Culture's consequences: International differences in work-related values*. Beverly Hills, CA: Sage.

池上嘉彦 (2000)『「日本語論」への招待』講談社

井上　徹 (2011)「『華』はどのように『夷』を包摂したか？」『歴史評論』*733*, 57-70.

Ishii, K., Reyes, J. A., & Kitayama, S. (2003) Spontaneous attention to word content versus emotional tone: Differences among three cultures. *Psychological Science, 14*, 39-46

Ji, L.-J., Nisbett, R. E., & Su, Y. (2001) Culture, change, and prediction. *Psychological*

Science, 12, 450-456.

Johnson-Laird, P. N. (1983) *Mental models*. Cambridge: Cambridge University Press.〔海保博之（監訳）／ AIUEO（訳）(1988)『メンタルモデル ── 言語・推論・意識の認知科学』産業図書〕

Kahneman, D., Slovic, P., & Tversky, A. (Eds.) (1982) *Judgment under uncertainty: Heuristics and biases*. New York: Cambridge University Press.

加藤雅信 (2003)「『日・米・中法意識比較研究』調査基本報告書」『名古屋大学法政論集』*205*,1-51.

桂　紹隆 (1998)『インド人の論理学 ── 問答法から帰納法へ』中央公論社

川勝平太 (1997)『文明の海洋史観』中央公論社

Kim, H. S., Sherman, D. K., & Taylor, S. E. (2008) Culture and social support. *American Psychologist, 63*, 518-526.

鬼頭　宏 (2002)『日本の歴史19 ── 文明としての江戸システム』講談社

Kittler, M. G., Rygl, D., & Mackinnon, A. (2011) Beyond culture or beyond control? Reviewing the use of Hall's high- / low-context concept. *International Journal of Cross Cultural Management, 11*, 63-82.

Klein, R. G., & Edgar, B. (2002) *The dawn of human culture*. New York: John Wiley & sons.〔鈴木淑美（訳）(2004)『5万年前に人類に何が起きたか？』新書館〕

Kohlberg, L. (1976) Moral stages and moralization: The cognitive-developmental approach. In T. Lickona (Ed.), *Moral development and behavior: Theory, research and social issues*. New York: Holt, Reinhart & Winston, Pp.170-205.

Kühnen, U., Hannover, B., & Schubert, B. (2001) The semantic-procedural interface model of the self: The role of self-knowledge for context-dependent versus context-independent modes of thinking. *Journal of Personality and Social Psychology, 80*, 397-409.

Luria, A. R. (1971) Towards the problem of the historical nature of psychological processes. *International Journal of Psychology, 6*, 259-272.

Lynn, R. (2003) The geography of intelligence. In H. Nyborg (Ed.), *The scientific study of general intelligence: Tribute to Arthur R. Jensen*. Amsterdam: Pergamon, Pp.127-146.

Macfarlane, A. (1997) *The savage wars of peace: England, Japan and the Malthusian trap*. Oxford, UK: Blackwell.〔船曳建夫（監訳）(2001)『イギリスと日本 ── マルサスの罠から近代への跳躍』光明社〕

Ma-Kellams, C., Spencer-Rodgers, J., & Peng, K. (2011) I am againt us?: Unpacking cultural differences in ingroup favoritism via dialecticism. *Personality and Social Psychology Bulletin, 37*, 15-27.

Manktelow, K. I., & Over, D. E. (1991) Social roles and utilities in reasoning with deontic conditionals. *Cognition, 39*, 85-105.

Markus, H. R., & Kitayama, S. (1991) Culture and the self: Implications for cognition, emotion, and motivation. *Psychological Review, 98*, 224-253.

Masuda, T., & Nisbett, R. E. (2001) Attending holistically versus analytically: Comparing the context sensitivity of Japanese and Americans. *Journal of Personality and Social Psychology, 81*, 922-934.

Mead, M. (1928) *Coming of age in Samoa: A psychological study of primitive youth for Western Civilization*. New York: Blue Ribbon Books.〔畑中幸子・山本真鳥（訳）(1976)『サモアの思春期』蒼樹書房〕

Mead, M. (1935) *Sex and temperature in three primitive societies*. NY: William Morrow.

Mercier, H., Yama, H., Kawasaki, Y., Adachi, K., & Van der Henst, J-B. (2012) Is the use of averaging in advice taking modulated by culture? *Journal of Cognition and Culture, 12*, 1-16.

Mercier, H., Zhang, J., Qu, Y., & Lu, P., & Van der Henst, J-B. (2015) Do Easterners and Westerners treat contradiction differently? *Journal of Cognition and Culture, 15*, 45-63.

Mithen, S. (1996) *The prehistory of the mind: A search for the origins of art, religion and science*. London: Thames and Hudson.〔松浦俊輔・牧野美佐緒（訳）(1998)『心の先史時代』青土社〕

Miyamoto, Y., Uchida, Y., & Ellsworth, P. C. (2010) Culture and mixed emotions: Co-occurrence of positive and negative emotions in Japan and the United States. *Emotion, 10*, 404-415.

Morris, I. (1971) *The nobility of failure: Tragic heroes in the history of Japan*. London: Secker and Warburg.〔斎藤和明（訳）(1981)『高貴なる敗北 —— 日本史の悲劇の英雄たち』中央公論社〕

Morris, W. M., & Peng, K. (1994) Culture and cause: American and Chinese attributions for social and physical events. *Journal of Personality and Social Psychology, 67*, 949-971.

中村元 (1989)『中村元選集第3巻　日本人の思惟方法』春秋社

中村元 (1994)『中村元選集第22巻　空の論理 —— 大乗仏教Ⅲ』春秋社

中根千枝 (1967)『タテ社会の人間関係 —— 単一社会の理論』講談社現代新書

Nisbett, R. E. (2003) *The geography of thought: How Asians and Westerners think differently... and why*. New York: The Free Press.〔村本由紀子（訳）(2004)『木を見る西洋人 森を見る東洋人 —— 思考の違いはいかにして生まれるか』ダイヤモンド社〕

Nisbett, R. E. (2009) *Intelligence and how to get it: Why schools and cultures count*. New York, NY: Norton.〔水谷淳（訳）(2010)『頭のでき —— 決めるのは遺伝か、環境か』ダイヤモンド社〕

Nisbett, R. E., Peng, K., Choi, I., & Norenzayan, A. (2001) Culture and systems of thought: Holistic versus analytic cognition. *Psychological Review, 108*, 291-310.

Norenzayan, A., Smith, E. E., Kim, B. J., & Nisbett, R. E. (2002) Cultural preferences for formal versus intuitive reasoning. *Cognitive Science, 26*, 653-684.

Oishi, S., & Graham, J. (2010) Social ecology: Lost and found in psychological science. *Perspectives on Psychological Science, 5*, 356-377.

Over, D. E. (2009) New paradigm psychology of reasoning. *Thinking and Reasoning, 15*, 431-438.

Peng, K., & Nisbett, R. E. (1999) Culture, dialectics, and reasoning about contradiction. *American Psychologist, 54*, 741-754.

Piaget, J. (1980) *Les formes élémentaires de la dialectique*. Paris: Gallimard.

Piaget, J., & Inhelder, B. (1966) *La psychologie de l'enfant*. Paris: Presses Universitaires de France.〔波多野完治・須賀哲夫・周郷博（共訳）(1969)『新しい児童心理学』白水社〕

Politzer, G., Over, D. E., & Baratgin, J. (2010) Betting on conditionals. *Thinking and Reasoning, 16*, 172-179.

Riegel, K. F. (1973) Dialectic operations: The final period of cognive development. *Human Development, 16*, 346-370.

Rips, L. J. (1994) *The psychology of proof*. Cambridge, MA: MIT Press.

Robinson, J. A. (1965) A machine-oriented logic based on the resolution principle. *Journal of the ACM, 12*, 23-41.

Rösch, M., & Segler, K. G. (1987) Communication with Japanese. *Management International Review,* 27, 56-67.

Rychlowska, M., Miyamoto, Y., Matsumoto, D., Hess, U., Gilboa-Schechtman, E., Kamble, S. Muluk, H., Masuda, T., & Niedenthal, P. M. (2015) Heterogeneity of long-history migration explains cultural differences in reports of emotional expressivity and the functions of smiles. *Proceedings of National Academy of Sciences of the United States of America, 112*, 2429-2436.

Said, E. W. (1978) *Orientalism*. NY: Pantheon.〔板垣雄三・杉田英明（監修）／今沢紀子（訳）(1993)『オリエンタリズム（上）（下）』平凡社〕

Scribner, S. (1977) Models of thinking and way of speaking: Culture and logic reconsidered. In P. N. Johnson-Laird, & P. C. Wason (Eds.), *Thinking: Reading in cognitive science*. Cambridge, UK: Cambridge University Press, Pp.483-500.

Spencer-Rodgers, J., Boucher, H. C., Mori, S. C., Wang, L., & Peng, K. (2009) The dialectical self-concept: Contradiction, change, and holism in East Asian cultures. *Personality and Social Psychology Bulletin, 35*, 29-44.

Spencer-Rodgers, J., Peng, K., Wang, L., & Hou, Y. (2004) Dialectical self-esteem and East-West differences in psychological well-being. *Personality and Social Psychology Bulletin, 30*,

1416-1432.

Spencer-Rodgers, J., Williams, M., & Peng, K. (2010) Cultural differences in expectations of change and tolerance for contradiction: A decade of empirical research. *Personality and Social Psychology Review, 14*, 296-312.

Sperber, D., & Wilson, D. (1995) *Relevance: Communication and cognition*, 2nd edition. Oxford: Blackwell.〔内田聖二他（訳）(2000)『関連性理論 ── 伝達と認知（第2版）』研究社出版〕

Stanovich, K. E. (2009) Distinguishing the reflective, algorithmic, and autonomous minds: Is it time for a tri-process theory? In J. St. B. T. Evans & K. Frankish (Eds.), *In two minds: Dual processes and beyond*. Oxford: Oxford University Press, Pp.55-88.

Stanovich, K. E., & West, R. F. (1998a) Cognitive ability and variation in selection task performance. *Thinking and Reasoning, 4*, 193-230.

Stanovich, K. E., & West, R. F. (1998b) Individual differences in rational thought. *Journal of Experimental Psychology: General, 127*, 161-188.

Stanovich, K. E., & West, R. F. (2003) Evolutionary versus instrumental goals: How evolutionary psychology misconceives human rationality. In D. E. Over (Ed.), *Evolution and the psychology of thinking*. Hove, UK: Psychology Press, Pp.171-230.

Takano, Y. (1989) Methodological problems in cross-cultural studies of linguistic relativity. *Cognition, 31*, 141-62.

高野陽太郎 (2008)『集団主義という錯覚 ── 日本人論の思い違いとその由来』新曜社

高野陽太郎・纓坂英子 (1997)「“日本人の集団主義”と“アメリカ人の個人主義” ── 通説の再検討」『心理学研究』*68*, 312-327.

Takano, Y., & Osaka, E. (1999) An unsupported common view: Comparing Japan and the U.S. on individualism / collectivism. *Asian Journal of Social Psychology, 2*, 311-341.

竹村幸祐・佐藤剛介 (2012)「幸福感に対する社会生態学的アプローチ」『心理学評論』*55*, 47-63.

Talhelm, T., Zhang, X., Oishi, S., Shimin, C., Duan, D., Lan, X., & Kitayama, S. (2014) Large-scale psychological differences within China explained by rice versus wheat agriculture. *Science, 344*, 603-608.

Trafimow, D., Triandis, H. C., & Goto, S. G. (1991) Some tests of the distinction between the private self and the collective self. *Journal of Personality and Social Psychology, 60*, 649-655.

Triandis, H. C. (1995) *Individual and collectivism*. Boulder, CO: Westview Press.〔神山貴弥・藤原武弘（編訳）(2002)『個人主義と集団主義 ── 2つのレンズを通して読み解く文化』北大路書房〕

月本洋 (2009)『日本語は論理的である』講談社

梅棹忠夫 (1967)『文明の生態史観』中央公論社

Uskul, A.K., Kitayama, S., & Nisbett, R.E. (2008) Ecocultural basis of cognition: Farmers and fishermen are more holistic than herders. *Proceedings of the National Academy of Sciences of the USA, 105*, 8552-8556.

Van der Henst, J-B., Mercier, H., Yama, H., Kawasaki, Y., & Adachi, K. (2006) Dealing with contradiction in a communicative context: A cross-cultural study. *Intercultural Pragmatics, 3*, 487-502.

Varnum, M. E. W., Grossman, I., Kitayama, S., & Nisbett, R.E. (2010) The origin of cultural differences in cognition: The social orientation hypothesis. *Psychological Science, 19*, 9-13.

Vygotsky, L.S. (1956)／柴田義松（訳）(1962)『思考と言語』明治図書

渡辺吉鎔・鈴木孝夫 (1981)『朝鮮語のすすめ』講談社

Woodley, M. A., Rindermann, H., Bell, E., Stratford, J., & Piffer, D. (2014) The relationship between Microcephalin, ASPM and intelligence: A reconsideration. *Intelligence, 44*, 51-63.

Wright, M., De Geus, E., Ando, J., Luciano, M., Posthuma, D., Ono, Y., Hansell, N., Van Baal, C., Hiraishi, K., Hasegawa, T., Smith, G., Geffen, G., Geffen, L., Kanba, S., Miyake, A., Martin, N., & Boomsma, D. (2001) Genetics of cognition: Outline of a collaborative twin study. *Twin Research, 4*, 48-56.

Würtz, E. (2006) Intercultural communication on web sites: A cross-cultural analysis of web sites from high-context cultures and low-context cultures. *Journal of Computer-Mediated Communication, 11*, 274-299.

Yama, H. (in press) Thinking and reasoning across cultures. In L. J. Ball, & V. A. Thompson (Eds.), *International handbook of thinking and reasoning*. Hove, UK: Psychology Press.

Yama, H., Manktelow, K. I., Mercier, H., Van der Henst, J-B., Do, K. S., Kawasaki, Y., & Adachi, K. (2010) A cross-cultural study of hindsight bias and conditional probabilistic reasoning. *Thinking and Reasoning, 16*, 346-371.

Yama, H., Nishioka, M., Horishita, T., Kawasaki, Y., & Taniguchi, J. (2007) A dual process model for cultural differences in thought. *Mind and Society, 6*, 143-172.

山　祐嗣・梅本堯夫 (1988)「児童における特称命題の含意理解について」『発達研究』*4*, 91-102.

Zhang, B., Galbraith, N., Yama, H., Wang, L., & Manktelow, K. I. (2015) Dialectical thinking: A cross-cultural study of Japanese, Chinese, and British students. *Journal of Cognitive Psychology, 27*, 771-779.

著者プロフィール

山　祐嗣（やま　ひろし）

1959年石川県生まれ。京都大学文学部卒業後、京都大学大学院教育学研究科博士後期課程学修認定退学、博士(教育学)。神戸女学院大学人間科学部教授を経て、現在大阪市立大学文学研究院教授。

主要な著訳書に、『思考と推論 ── 理性・判断・意思決定の心理学』（共監訳，北大路書房，2015）、『メンタリティの構造改革 ── 健全な競争社会に向けて』（北大路書房，2003）、『思考・進化・文化 ── 日本人の思考力』（ナカニシヤ出版，2003）、『合理性と推理』（訳書，ナカニシヤ出版，2000）、『演繹推理の認知モデル』（ナカニシヤ出版，1994）などがある。

日本人は論理的に考えることが本当に苦手なのか

初版第1刷発行　2015年11月16日

著　者　山　祐嗣

発行者　塩浦　暲

発行所　株式会社　新曜社
101-0051　東京都千代田区神田神保町３－９
電話 (03)3264－4973(代)・FAX (03)3239－2958
e-mail : info@shin-yo-sha.co.jp
URL : http://www.shin-yo-sha.co.jp

組　版　Katzen House

印　刷　新日本印刷

製　本　イマヰ製本所

ISBN978-4-7885-1452-2 C1011

新曜社の本

ワードマップ　批判的思考　21世紀を生きぬくリテラシーの基盤	楠見孝・道田泰司 編	四六判320頁	本体2600円
日本語は映像的である　心理学から見えてくる日本語のしくみ	熊谷高幸 著	四六判196頁	本体1900円
タテ書きはことばの景色をつくる　タテヨコふたつの日本語がなぜ必要か？	熊谷高幸 著	四六判184頁	本体1900円
「集団主義」という錯覚　日本人論の思い違いとその由来	高野陽太郎 著	四六判376頁	本体2700円
日本人の利益獲得方法	田中健滋 著	四六判208頁	本体1900円
属人思考の心理学　組織風土改善の社会技術	岡本浩一・鎌田晶子 著	四六判248頁	本体2100円
幸せを科学する　心理学からわかったこと	大石繁宏 著	四六判240頁	本体2400円
人狼ゲームで学ぶコミュニケーションの心理学	丹野宏昭・児玉健 著	A5判168頁	本体1700円

＊表示価格は消費税を含みません。